JN261644

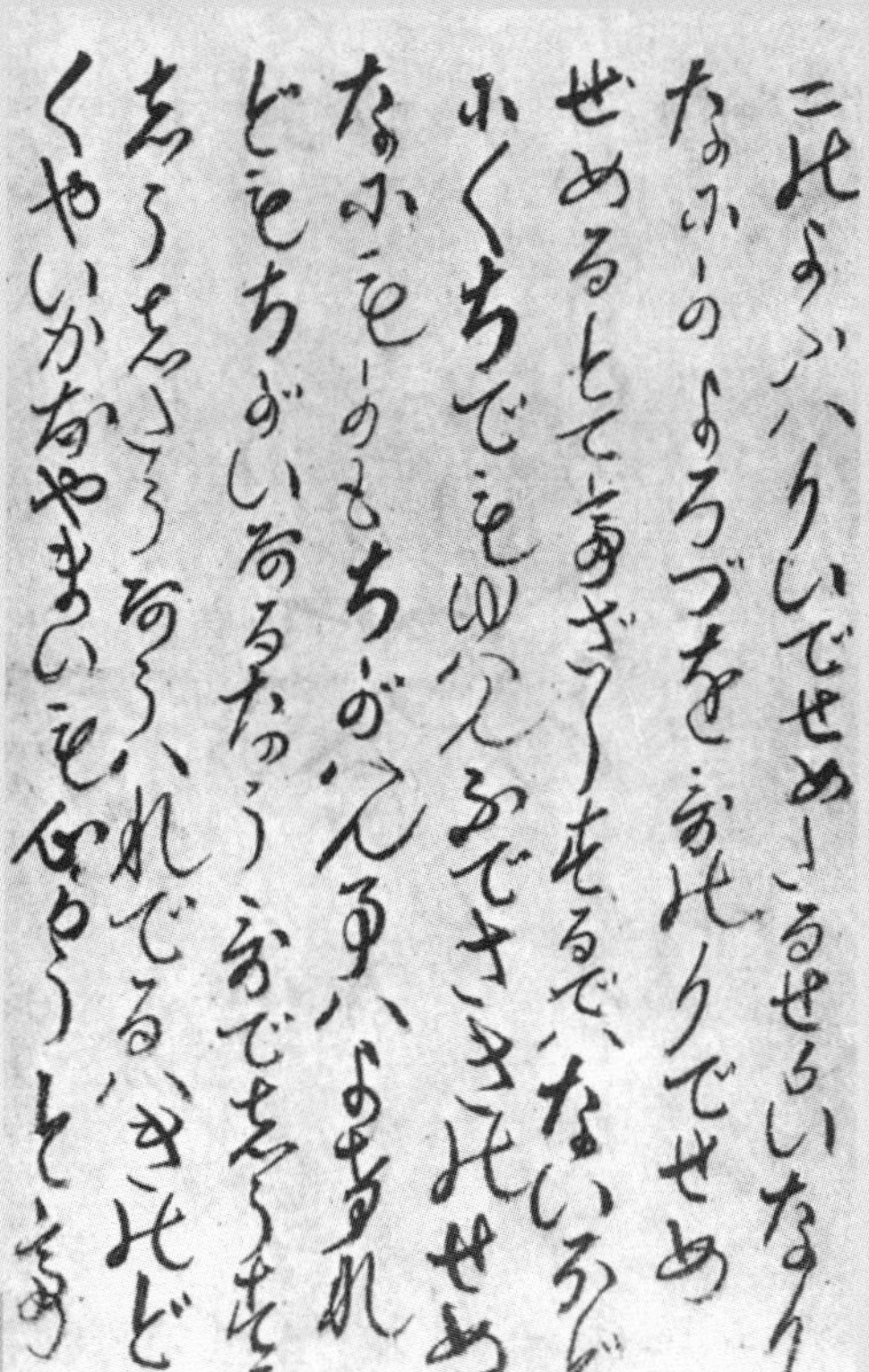

このよふハりいでせめたるせかいなり
なにかよろづを歌のりでせめ
せめるとてでざしするでハないほど
にくちでもゆハんふでさきのせめ
なにもかもちがハん事ハよけれ
どもちがいあるなら歌でしらする
しらしたらあらハれでるハきのど
くやいかなやまいも心からとて
「おふでさき」第一号二一～二四

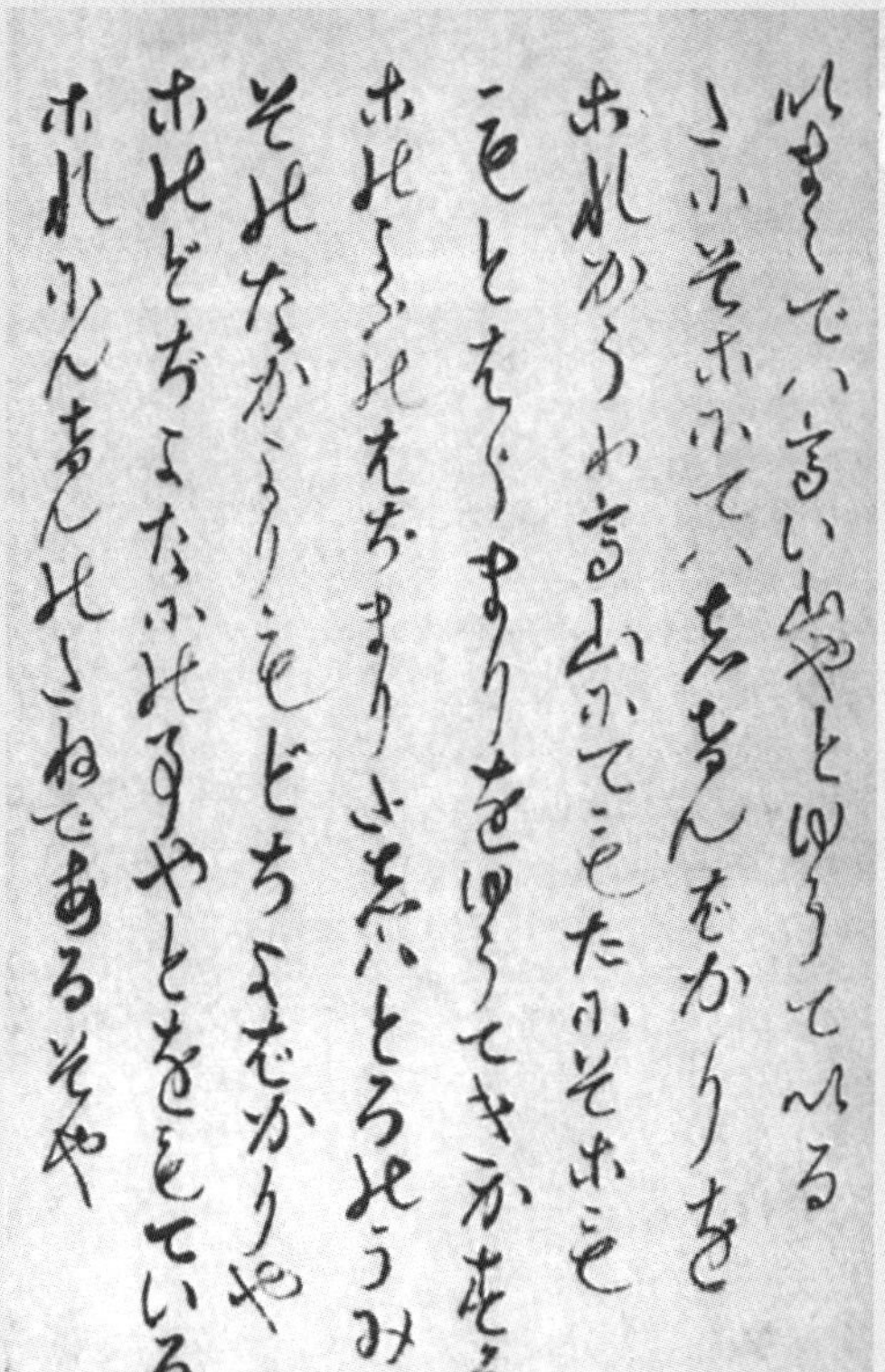

いままでハ高い山やとゆうている
たにそこにてハしけんばかりを
これからわ高山にてもたにそこも
もとはじまりをゆうてきかする
このよふのはぢまりだしハとろのうみ
そのなかよりもどちよばかりや
このどぢよなにの事やとをもている
これにんけんのたねであるそや
「おふでさき」第四号一二〇～一二三

監修者——加藤友康／五味文彦／鈴木淳／高埜利彦

［カバー表写真］
本部建設の「ひのきしん」（労働奉仕）の人びと
（「本部敷地つちもち紀念図」, 1910〈明治43〉年）

［カバー裏写真］
「ええじゃないか」で乱舞する民衆
このころ，みきは教義を完成させた
（歌川芳幾画, 1867〈慶応３〉年）

［扉写真］
教祖直筆の「おふでさき」

日本史リブレット人 065

中山みき

「心直し」から「世直し」を説いた生き神教祖

Kozawa Hiroshi
小澤 浩

目次

生き神教祖の誕生———1

①
思想形成をうながすもの———7
前近代の民衆と宗教／「大きな救い」を見失った人びと——宗教からみた江戸時代／少女時代のみき——浄土への憧れ／妻として，人間として／みえぬ神を求めて

②
「おふでさき」の世界———29
「貧に落ち切る」／「にをいがけ」／「よふぼく」——神に引き寄せられた人びと／「元初まりの話」——民衆的ユートピアの原像／「八つのほこり」と「元のぢば」／歌と踊りと——「みかぐらうた」／「たいしゃ高山とりはらい」——「義なる神」の怒り

③
不屈の戦い———71
弾圧に抗して——「高山へのにをいがけ」／布教公認・教会設立運動とみき——えるものと失うものと／こかんの死——もう一つのひながた／厳寒の牢獄で——「ふしから芽がふく」

神か律か———92

生き神教祖の誕生

一八三八（天保《てんぽう》九）年十月二十三日（以下、一八七三〈明治六〉年の太陽暦採用までは旧暦による）の深夜、大和国《やまとのくに》山《やま》辺《べ》郡《ごおり》庄屋敷《しょやしき》村（現、奈良県天理《てんり》市）の村役人▲、中山善兵衛《ぜんべえ》の屋敷では、長男の秀司《しゅうじ》▲が、にわかに足痛の発作を起こし、さらに善兵衛が眼を、その妻みきが腰を痛めて苦しみはじめたため、翌日、修験者《しゅげんじゃ》の市兵衛《いちべえ》を呼んで寄加持《よせかじ》▲をすることになった。そして、いつも加持台をつとめていた婦人が不在のため、やむなくみきをその代役に立てて、祈禱《きとう》が始まった。ところが、儀式が佳境に達するころ、突然みきが神がかりになり、「我は、元《もと》の神、実《じつ》の神である。この屋敷にいんねん（因縁）あり。このたび、世界一《いち》れつ（列）をたすけ（救）るために天降った。みきを神のやしろ（社）に貰いうけたい」と、おごそかな声▲で告げた。

▼**村役人**　近世社会で村政をつかさどった農民のこと。東国《とうごく》では一般に名主《なぬし》・組頭《くみがしら》・百姓代《ひゃくしょうだい》、西《さい》国《ごく》では庄屋《しょうや》・年寄《としより》・百姓代（組頭）の三役をいう。善兵衛が年寄や庄屋をつとめていたのは確かだが、この年についての確証がないので村役人としておく。

▼**秀司**　中山家の戸主《こしゅ》は代々善兵衛と善《ぜん》右衛門《えもん》を交互に襲名することになっていた。これにより善兵衛の嗣子《しし》である秀司は善右衛門と命名されたが、明治の初期、丞《じょう》・助《すけ》・衛門・兵衛などの名が禁止されたので、以後、秀司と改名したものと思われる。

▼**寄加持**　加持は真言行者《しんごんぎょうじゃ》が手に印《いん》を結び、口に真言を唱え、心を仏の境地におき、祈願の達成を祈る儀礼。その際、加持を行う者と、それによって神霊などが憑《ひょう》依《い》する者（加持台）とに役割を分けて行うのが寄加持。

▼**おごそかな声**　まだ幼子だった三女のきみ(のちにはると改名)は、後日、このときのみきのようすについて「余りの怖さに、頭から布団をかぶり(姉と)抱き合って震えていた」と述懐している(『稿本 天理教教祖傳 逸話篇』、以下『逸話篇』と略す)。

妻の突然の変貌に、善兵衛はしばし呆然《ぼうぜん》となったが、それは、彼の常識をはるかに超えたものであり、村方における自分の役割や子育てのことを考えても無理な話だと思われたので、「お受けできません」と断わった。これに対し、みきは毅然《きぜん》として神の不退転の意志を伝えたため、善兵衛は集まった親族と相談し、幾度となくやり取りを繰り返した。しかし、みきには応ずる気配もなく、極度の緊張状態が二晩も続いて一命もあやぶまれるようすとなったので、善兵衛はついに「みきを差し上げます」と答えるほかはなかった。同年十月二十六日朝、みき四一歳(数え年、以下同じ)のときのことであった。以上が『稿本 天理教教祖傳』の伝える「教祖」誕生＝天理教開教《かいきょう》のあらましである。

元の神がみきの身体を「やしろ」としてこの世に現れ出たというこの瞬間は、天理教を信仰する人たちにとって、特別のものであることはいうまでもない。一方、そのような信仰を共有できない者には、「神がかり」も、「神のやしろ」の話も、ただ胡散臭《うさんくさ》く思われるのが落《お》ちであろう。そうだとすれば、後者の人びとはここで早くも退場していくほかはないが、もし、私たちの関心が、個々人の宗教に対する考え方とは別に、その時代を生きた「人間」そのものに向けられたものであるなら、みきの生涯とその思想から学ぶ事柄は少なくない。

そうした目で、もう一度この場面をみつめなおしてみると、みきに天降ったという神の言葉には、注目すべき個所がある。それは「世界一れつをたすけるため」という一句である。この当時は開国の少し前だから、「世界」という語に寄せる人びとのイメージは、まだ限られた空間のなかに閉ざされていたはずだが、みきの視線は、そのはるか遠くにまでおよんでいたようである。「一れつ」という語は、ここでは「すべて」という意味だが、後述する「おふでさき」のなかでは、このようにしばしば「世界」の語と接続して「差別」なく「平等」なさまをいう。つまり、「人間はみな神の子供として均しく平等にたすけたい」というのが、みきの神がかり＝天理教開教の根本《こんぽん》動機だったということである。

とすれば、意味的には仏教でいう「衆生済度《しゅじょうさいど》」に近い。しかし、プロの宗教者でもない一介の農民の妻が、「世界」といい、「一れつ」というとき、そこには普段聞き慣れない切実な響きがこめられていたのではなかろうか。だからこそ居合わせた人たちも簡単にあしらうことができなかったのであろう。したがって、こうした神がかり自体は一見偶発的な出来事のようにみえるが、「世界一れつをたすける」という言葉はけっして突発的に吐きだされたものではなく、みきの心のなかで時間をかけて熟成されてきたものにちがいない。しかも、民衆の困窮をよそに、「もののふ」たちが勤王と佐幕をめぐる血なまぐさい闘争に明け暮れた維新の動乱期にこれを重ねてみると、この言葉はいっそう輝きを増すであろう。それでは、どのような歴史的状況と、どのようなみきの内面過程がそこにかかわっていたのか、その後、みきはどのようにこの思想を展開させ、どのような生き方を切り開いていったのか。本書では、そのことを順を追ってみていくことにしたい。

なお、参考文献は巻末にまとめたが、ここで、その主要なものにつき、研究史に絡めて簡単に解説しておく。天理教は、近代天皇制国家のもとでは、その異端的な性格のゆえに、一九〇八(明治四十一)年、教派神道《きょうはしんとう》▲の一派として「独立」が認められてからも、国家権力によるさまざまな抑圧を受けてきた。そのためにゆがめられてきた教義や教祖像を、原点に立ち返って忠実に「復元」▲する作業が一九四五(昭和二十)年の敗戦直後から始められ、五六(同三十一)年にようやく教団の責任において公刊されたのが『稿本 天理教教祖傳』(以下『教祖傳』と

▼**教派神道**　明治政府は、神社神道を国家祭祀《さいし》として一般の宗教と切り離すことでその地位の強化をはかる一方、神道黒住派《くろずみは》を皮切りに一三の教派を「宗教の神道」として公認し、国家神道の宗教的機能を補完する役割をあたえた。これらの教派を「教派神道」という。天理教は一九〇八(明治四十一)年、その最後の公認を果たした。

▼**「復元」**　明治期から昭和の敗戦までの天皇制イデオロギーに基づく宗教政策のもとで、天理教は、その本来の教えや祭儀を自由に表現することができなかった。それを教祖の原点に立ち返って吟味し、再生させようとする試み。

略す)である。教祖と直接交わった人たちの記憶に基づく筆録や口伝《くでん》をおもな資料としているため、史実として扱うには限界もあるが、教祖の実像に迫るうえではもっとも依拠すべき文献といえるだろう。

これに対して、私的な立場から書かれた評伝も少なくないが、特色あるものとしては、芹沢光治良《せりざわこうじろう》『教祖様』と中山慶一《よしかず》『私の教祖《おやさま》』をあげておきたい。前者は著名な小説家の手になるもので、全財産をなげうって天理教に入信した両親への反発から、教団からは距離をとってきた著者が、独自の立場から教祖への思いをつづった作品である。後者は、長らく教団の中枢部にあって、『教祖傳』の編纂にもかかわってきた著者が、個人の立場から筆をとったもので、これも、お墨付きのものではない伸びやかな筆致に特徴がある。そのほか、二代真柱《しんばしら》▲中山正善《しょうぜん》の『ひとことはなし』も、信頼度の高い史・資料に依拠していて、頼るべき文献の一つである。今日の教学の基礎を築いた人のものであるだけに、前二者と比較しながら読むとおもしろい。

一方、教団外の人びとの仕事に目を向けると、天理教を含む幕末《ばくまつ》から近代にかけての民衆宗教▲の歴史的な意義をはじめて明らかにしたのは宗教史家の村上

▼**真柱**　天理教の統理者のこと。みきは農事用語とともに建築用語もよく用いたが、これもその一つ。初代の真柱はみきの外孫、櫟本《いちのもと》村の梶本《かじもと》家に嫁いだ三女はるの三男眞之亮《しんのすけ》。みきははるが懐妊中から「真柱の眞之亮」と唱えてその将来に期待し、一六歳のとき養子として引きとり教団の後継者として育てた。二代目の真柱正善はその長男。以後、真柱は教祖の血統者がその跡を継いでいる。

▼**民衆宗教**　歴史学の分野では、幕末から明治にかけて成立し、民衆の精神的解放に寄与したと考えられる創唱《そうしょう》宗教のことを意味する。本書ではさしあたり天理教・金光《こんこう》教・丸山《まるやま》教・大本教などの場合を念頭においている。

重良だった。とくにその論文「幕末維新《いしん》期における民衆宗教の創唱――天理教の成立過程」は、教団外における教祖研究に先鞭をつけ、その後の研究に大きな影響をあたえた。村上はとくにみきの思想の「反権力」的性格を高く評価しているが、宗教のイデオロギー的な性格には批判的な立場に立っていたため、その考察はみきの宗教思想の深部にまで届いていない憾《うら》みがあった。

　歴史学の分野では思想史家の安丸良夫に、大本教《おおもときょう》▲の開祖について書かれた名著『出口《でぐち》なお』があり、ほかの民衆宗教の教祖理解にも役立つものと思われるが、天理教に関しては、歴史学より宗教学の分野にみるべきものがある。とくに、宗教学者島薗進の論文「疑いと信仰の間――中山みきの救けの信仰の起源」は、みきの宗教への内在的な理解に道を開くものであったといえる。

　小著は、これらの文献に学びつつ書かれたものだが、そのことは必ずしもこれらの書の内容に異論がないということではない。むしろ、私の教祖像は、これらの文献が投げかけてくる問いに対して、反発や反問を繰り返しながらつくりあげられたものといってよい。したがって、小著もまた、読者によって、そのように読まれることを願ってやまない。

▼**大本教**　京都府綾部《あやべ》の細民《さいみん》の主婦出口なおによって一八九〇(明治二十三)年に開教。松方《まつかた》デフレによる民衆生活の危機的状況を背景に、「筆先《ふでさき》」をとおして、欲にとらわれた生き方の改心による世の立替え・立直しを説いた。後継者出口王仁三郎《おにさぶろう》のとき国家権力による二度の大弾圧を受けた。

①―思想形成をうながすもの

前近代の民衆と宗教

はじめに、中山みきという人物とその宗教思想について歴史的な観点からみていこうとするとき、とくに重要と思われる点についてあらかじめ指摘しておきたい。

まず、みきの生きた時代も含めた前近代社会の宗教をみようとするとき、宗教はどこまでも個人の私的な領域に属するものという現代人の常識は、一度すててかからなければならないということである。それは、人びとの生産が、土地・水・太陽などの自然的条件に規定されていた前近代社会では、地縁・血縁による共同が不可欠だったことに由来する。

ここで、原始・古代から近世直前までの民衆にとっての宗教のあり方の変遷を一瞥《いちべつ》しておくと、歴史をさかのぼればさかのぼるほど個人の共同体への依存度は高くなるから、初めは、個人的な救済願望があったとしても、それらは共同体的な宗教の営みのなかに包摂されていたと思われる。いわゆる氏神《うじがみ》信仰▲は、

▼**氏神信仰**　古代社会における有力氏族《しぞく》の祖霊祭祀がその源流と思われるが、村落共同体の発展とともにそれが地縁的なものに拡散し、産土神《うぶすながみ》や鎮守《ちんじゅ》の神への信仰と同一視されるにいたったものと考えられる。伝統的な共同体の解体とともにその信仰は衰微してきた。

今や信仰としては形骸化しつつあるが、そうした共同体的な宗教・祭祀《さいし》の名残をとどめるものといえよう。しかし、共同体の発展が個人の自立性を高めるとともに、その祭祀は、それだけでは個人の救済願望を満たしえなくなる。

とくに六世紀半ば、鎮護《ちんご》国家の役割をおって伝来した仏教は、やがて、そうした個人の救済願望に応えるものとして、民衆のあいだに徐々に受け入れられていった。この仏教と、氏神に体現されていく共同体祭祀とは、両者を安定的に結びつけようとする教説＝本地垂迹説《ほんじすいじゃくせつ》▲に媒介されて、明治維新《いしん》の神仏分離《しんぶつぶんり》にいたるまで、神仏習合《しゅうごう》という特異の現象をもたらすことになる。そのため多くの人びとはその区別もつかぬままつきあっていくことになるが、本来的には、個人の救済願望に応える機能は仏教信仰が担い、ムラの維持発展に奉仕する機能は神社信仰が担うという住分けが、暗黙のうちに了解されていたものと思われる。

そのことを踏まえたうえで、個人がいかにして意識的な成長をとげていったかという角度からこの過程をみていくなら、まず、ムラの境界をはるかに超える仏教の超越的な諸仏との出会いが、人びとの世界観を広げるうえで大きな影

▼**本地垂迹説**　八世紀の初頭から各地の神社に神宮寺《じんぐうじ》が付設されるなどの神道《しんとう》と仏教の融合化現象が始まるが、平安時代の中ごろから、仏が本地(本体)で、神は仏の垂迹(人びとを救済するためのかりの姿)であるという説が登場し、神仏習合を支える理論として影響力をもった。

響をあたえたことは疑いない。しかし、当初、この異教のカミによせる人びとの関心は、おそらくその霊力に期待する呪術《じゅじゅつ》的なものにとどまっていたものと思われる。ところが、平安《へいあん》時代にはいると、仏教の教えは、徐々に人びとのなかで内面化されていく。たとえば、仏教説話集『日本霊異記《にほんりょういき》』などにみられる「善因善果悪因悪果《ぜんいんぜんかあくいんあっか》」▲(善い行いには善い結果が、悪い行いには悪い報いがある)といった思想は、人びとがおのれの人格性に目覚めていく過程の一つを示すものだったといえよう。

その後、浄土真宗《じょうどしんしゅう》・禅宗《ぜんしゅう》・日蓮宗《にちれんしゅう》などのいわゆる鎌倉《かまくら》新仏教の登場は、仏教の民衆化に大きく寄与するものとなったが、とくに浄土真宗の開祖《かいそ》親鸞聖人《しんらんしょうにん》の「悪人正機《あくにんしょうき》」説、つまり、善人《ぜんにん》でさえ往生《おうじょう》できるのだから、まして悪人の自覚をもった人を阿弥陀《あみだ》さまは必ず救いとってくれるという教えは、さきの善因善果の教えを逆転させ、人びとは、その行為や身分の違いに関わりなく、弥陀の本願《ほんがん》▲によせる信心《しんじん》のみによって救われる、という思想を浸透させていった。そして、戦国末期に渡来した切支丹《キリシタン》の信仰は、教えの細部における違いを除けば、そうした思想をさらに徹底させる契機を多く含んでいたが、歴史上よく知

▼**「善因善果悪因悪果」**　いわゆる因果応報《いんがおうほう》の思想だが、平安末期から鎌倉初期にかけてつくられた「地獄草紙《じごくぞうし》」などにみられる「地獄」の思想にもその反映がみられる。

▼**弥陀の本願**　本願とは、仏・菩薩《ぼさつ》が衆生《しゅじょう》を救済するために起こした誓願のこと。ここではとくに阿弥陀仏が法蔵《ほうぞう》菩薩として修行していた久遠《くおん》の昔、衆生救済のために立てたといわれる四八の誓願を意味する。法蔵菩薩はこれを成就して阿弥陀仏になったという。

られている一向一揆《いっこういっき》▲の殲滅《せんめつ》や切支丹の禁圧は、江戸《えど》時代の民衆の信仰の伸びやかな発展に決定的な打撃をあたえるものとなる。

「大きな救い」を見失った人びと――宗教からみた江戸時代

かつて、明治維新後の変革を担った人たちは、文明開化《ぶんめいかいか》を推進する立場から、封建《ほうけん》的な江戸時代を暗黒時代とみなした。また、第二次世界大戦後の民主化を推進した人たちも、近代国家の専制的・侵略的な性格に封建時代の影をみる立場から、同じく江戸時代を暗黒時代とみなした。これに対して、日本の近代化を「成功」したものととらえ、その前提となった封建制を再評価する動機や、逆に、現代社会の諸悪の根源に近代化をみて、これに対置させる意図などから、江戸時代の社会や文化を再評価しようとするのが、最近の論調だといえよう。そして、江戸時代の宗教についても、かつての暗黒時代論から、そこに民衆の自由な宗教的エネルギーの発露をみようとするのが、近年の支配的な傾向のようである。これらは、視点の置き方によっておのおのに一理はあるといえるが、少なくとも、天理教《てんりきょう》を含めた幕末民衆宗教の勃興をみすえるという点に限って

▼**一向一揆**　室町《むろまち》・戦国時代に近畿・北陸・東海地方に起こった一向宗(浄土真宗)門徒《もんと》の一揆。僧侶と門徒農民を中心に名主《みょうしゅ》・地《じ》侍《ざむらい》が連合して守護大名《しゅごだいみょう》・荘園《しょうえん》領主《りょうしゅ》と戦ったが、一五八〇(天正《てんしょう》八)年の織田信長《おだのぶなが》による石山本願寺《いしやまほんがんじ》戦争を最後に幕を閉じた。

いえば、私は暗黒時代論を支持しない訳にはいかない。それは何故か。

まず、徳川幕府《とくがわばくふ》は、切支丹の禁圧を徹底させるため、「寺請《てらうけ》」といって、その人が切支丹でないことを証明する役割を寺院に請け負わせたため、人びとは信仰とは関係なく、機械的に近隣の寺院の檀家《だんか》となることが強制された。「寺檀《じだん》制度」と呼ばれているものがそれである。こうした制度は、寺院の特権化をうながし、早くから自然発生的な寺檀関係を築いてきた一部の地域を除いて、人びとの寺院や仏教への信頼を限定的なものに押しとどめた。そのうえ、「葬式仏教」と呼ばれるように、寺院の役割は葬式や法事などの「来世」にかかわる事柄に限定されたため、人びとの「現世利益《げんせりやく》」の願いは、民間に寄生する山伏《やまぶし》やミコなどの職業的宗教者の手に委ねられることになる。この背景には、村落共同体の近世的な発展があり、それが人びとの現世への関心を強めていった点もみのがせない。

かくして、人びとの関心は、しだいに、民間の宗教者の振り撒く日柄《ひがら》・方位《ほうい》などの俗信や、それに対処する呪術への期待に封じ込められていき、かつて浄土真宗や切支丹が説いてきた人間のあり方への深い反省と、おおいなる神仏への信頼に基づく「大きな安心」「大きな救い」への道は見失われていったのである。とりわけ、こうした偉大な神仏への信仰は、超越的な視点から人間や社会のあり方を批判的にとらえる可能性を含んでいたが、それが閉ざされたことによって、本来は幕府や藩《はん》の過酷な支配に帰せられるべきこの世の幸・不幸の問題も、悪霊《あくりょう》・祟《たた》り神《がみ》・日柄・方位などのタブーによるものとみなされ、人びとの客観的な認識や自立的な思考が妨げられたことの意味は大きい。

こうした民間の職業的宗教者がいかに跳梁跋扈《ちょうりょうばっこ》し、その俗信・俗説がいかに隆盛をきわめたかをものがたる資料は枚挙に暇《いとま》がないが、それを自由な宗教的エネルギーの発露などと勘違いしないためには、それによって大きな救いを見失った人びとの痛苦が、いかに深いものであったかを知らねばならぬ。

たとえば、天理教とともに幕末《ばくまつ》の民衆宗教を代表する金光教《こんこうきょう》▲の教祖金光大《こんこうだい》神《じん》は、その「覚書」のなかで、自分や家族のあいつぐ不幸に際し、さまざまな神仏に救いを求め、禁忌《きんき》を忠実に守っても、求める救いがえられずに煩悶《はんもん》するおのれの姿を回顧し、「ここまで書いてから、おのずと悲しゅうに相成り候」と記して、そこに大きな丸を一つ書いている。そのときの心境が、思い起こすだに

▼**金光教**　一八五九（安政《あんせい》六）年、備中大谷村《びっちゅうおおたに》（現、岡山県浅口市《あさくち》）の農民赤沢文治《あかざわぶんじ》（のちの金光大神）によって開教《かいきょう》された幕末民衆宗教の一つ。「人間は神の子」という教えは、天理教などとも共通するが、世直《よなお》し型の宗教よりは、信仰の個人化・内面化を推し進めた点に特色がある。

辛くて切ないものだったからであろう。要は、それに頼るよりほかに選択肢がなかったからである。みきについても同じことがいえるが、それについては後述する。

ところで、江戸時代の民衆は、むろん、いつまでもそうした自縄自縛《じじょうじばく》の淵に身を沈めていたわけではない。江戸時代の中期になると、そのような混沌《こんとん》のなかから、従来にはなかったあらたな宗教意識が徐々に芽生えてくる。たとえば、「流行神《はやりがみ》」と呼ばれる信仰の流行にもその萌芽がみられる。これは、えびす・大黒《だいこく》から滝壺《たきつぼ》、橋の欄干《らんかん》にまでおよぶ「小さな神々」を対象とした「願掛《がんか》け」の信仰で、それ自体はかなり猥雑《わいざつ》なものであったが、そこにはプロの宗教者の介在がなく、民衆のなかから自然に発生したものである点に、一つの特徴があった。なかでもとくに人気があったのは「明神《みょうじん》」や「霊神《りょうじん》」と呼ばれる信仰だが、それらは、死者の霊魂をまつるという点で伝統との接点をもちながら、障りや祟りの性格を克服し、招福・救済の神に転じている点が注目される。さまざまな禁忌で不安を煽《あお》る行者《ぎょうじゃ》やミコの宗教の手口を念頭に浮かべるなら、これは神をみずからの手に取り戻す運動の一つだったといえる。

そのほか、山岳信仰における「入定《にゅうじょう》行者」▲に万民《ばんみん》救済の望みを託するミロク信仰の普及、同じく富士山で入定を果たした食行《じきぎょう》身禄《みろく》▲が、呪術ではなく日々の労働と道徳の実践を説いて江戸八百八町《はっぴゃくやちょう》にその名を轟かせた富士講《ふじこう》▲の隆盛、百姓《ひゃくしょう》一揆で刑死や獄死した指導者の霊をまつる「義民《ぎみん》信仰」▲の全国的な展開なども、江戸時代の民衆のなかから独自に生み出されたものであり、いずれも、究極的には「大きな救い」を回復するための、手探りの試みであったとみられる。

その意味で、これらは、それぞれ系譜的につながっているわけではないが、少なくとも、みきをはじめとする幕末民衆宗教の生き神教祖らの信仰を、人びとが受け入れる素地をつちかうものであったといえよう。

かくして私たちはようやくみきの足跡をたどる旅路の出発点に行き着いた。

少女時代のみき――浄土への憧れ

中山みきは、一七九八（寛政《かんせい》十）年四月十八日、大和国《やまとのくに》山辺《やまべ》郡《ごおり》西三昧田《にしさんまいでん》村（現、奈良県天理《てんり》市）の農民、前川半七正信《まえがわはんしちまさのぶ》・きぬ夫婦の長女として生まれた。前川家は代々村役人をつとめる家柄であったが、正信のとき、領主の藤堂《とうどう》家から無足《むそく》

▼入定行者　入定とは聖者《せいじゃ》が入《にゅう》滅《めつ》（死去）することだが、とくに断《だん》食《じき》してみずからを死にいたらしめた者を入定行者という。たとえば出羽《でわ》（山形県）の湯殿山《ゆどのさん》で「国家万民を救うため」として入定した行者のミイラ化したものが今も信仰の対象とされているが、これは入定の動機をよく示したものといえる。

▼食行身禄と富士講　富士講は江戸時代に盛んだった富士信仰の講集団の一つで、食行身禄はその六代目の指導者。彼も社会不安の広がる江戸中期、「ミロクの世」の実現を唱えて富士山で入定を果たした。彼は現世利益を肯定しつつ、呪術ではなく日々の仕事を誠実に果たし、人間性を高めることでのみ、それがえられるとし、富士講を隆盛に導いた。

▼義民信仰　刑死した百姓一揆の指導者の霊をまつる信仰。全国各地にみられるが、代表的なもの

に下総《しもうさ》（千葉県）の佐倉惣五郎《さくらそうごろう》、上州《じょうしゅう》（群馬県）の磔茂左衛門《はりつけもざえもん》の例がある。怨霊《おんりょう》信仰の系譜を引くが、招福の神に転じていくところに特色がある。

みき生誕の間（天理市）

人《にん》に取り立てられ、大庄屋《おおじょうや》もつとめるというめぐまれた環境にあった。無足人というのは、名字帯刀《みょうじたいとう》を許され、武士の待遇を受ける郷士《ごうし》のことである。このような富裕の家柄に生まれたということは、のちの彼女の人間形成や信仰形成に少なからぬ影響をあたえたと思われる。後述する「貧《ひん》に落ち切る」という逆説的な行動も、それなしには生じえなかったといっていい。

『教祖傳』によると、みきは三歳のころから、することがほかの子どもと違っていたので、近所の人びとも人並み優れた珍しい子だといいはやした、とあり、その後、成長とともにますますひいでた特性を発揮していくさまが縷々《るる》語られている。これはさまざまな宗教の開祖の言い伝えに共通するもので、クールにいえば教祖の「聖別」ないしは「聖化」を目的としたものといえるが、だからウソだと決めつける必要はない。むしろ、書かれている事柄にすなおに共感できれば、それに越したことはない。ただ、それを天賦《てんぷ》のものとしてしまうと、われわれ凡人《ぼんじん》には縁遠い話になってしまう。その意味で、私はここでは、まぎれもなく人間としてのみき自身が切り開いていったと思われる事柄に、とくに関心を払っていきたい。

みきの生家前川家の母屋(天理市)

中山みき関係者略系図

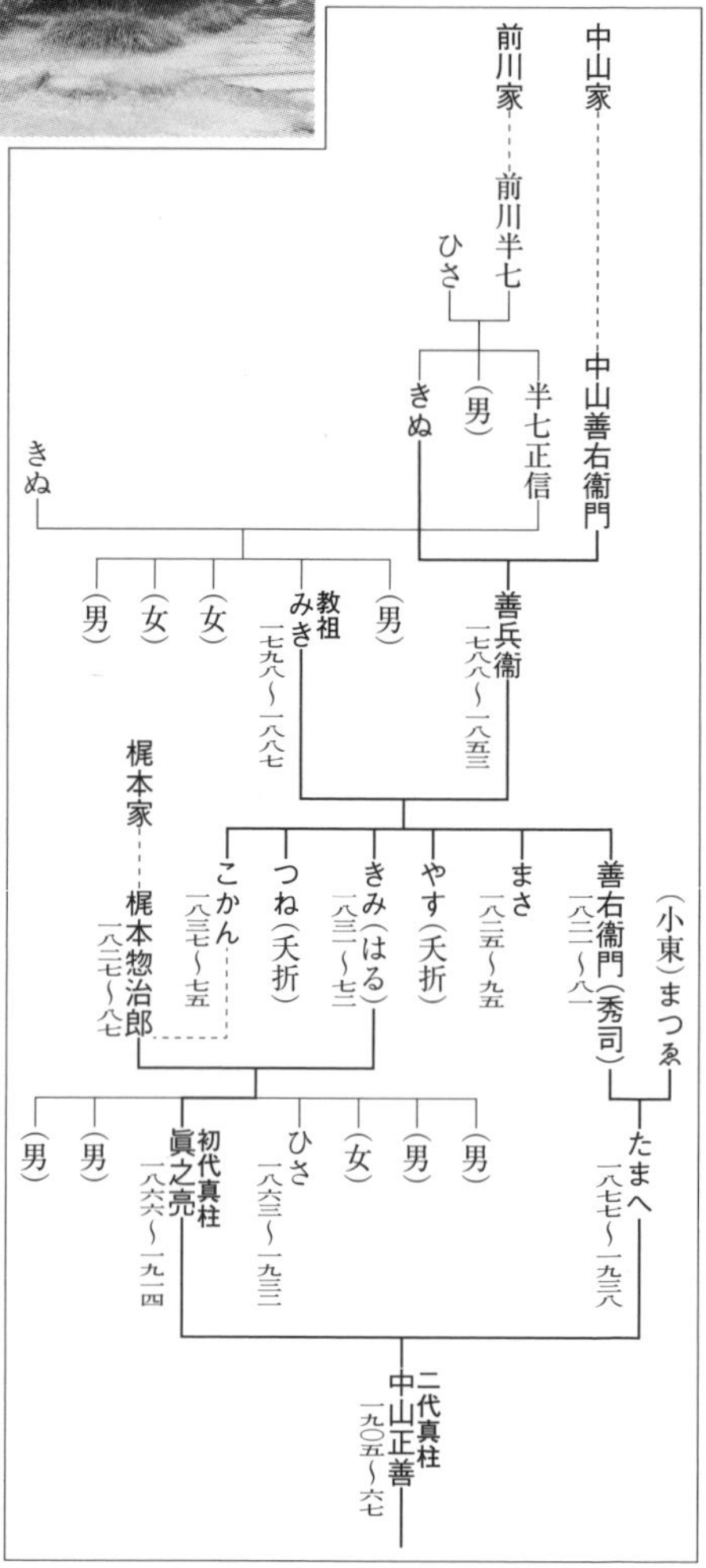

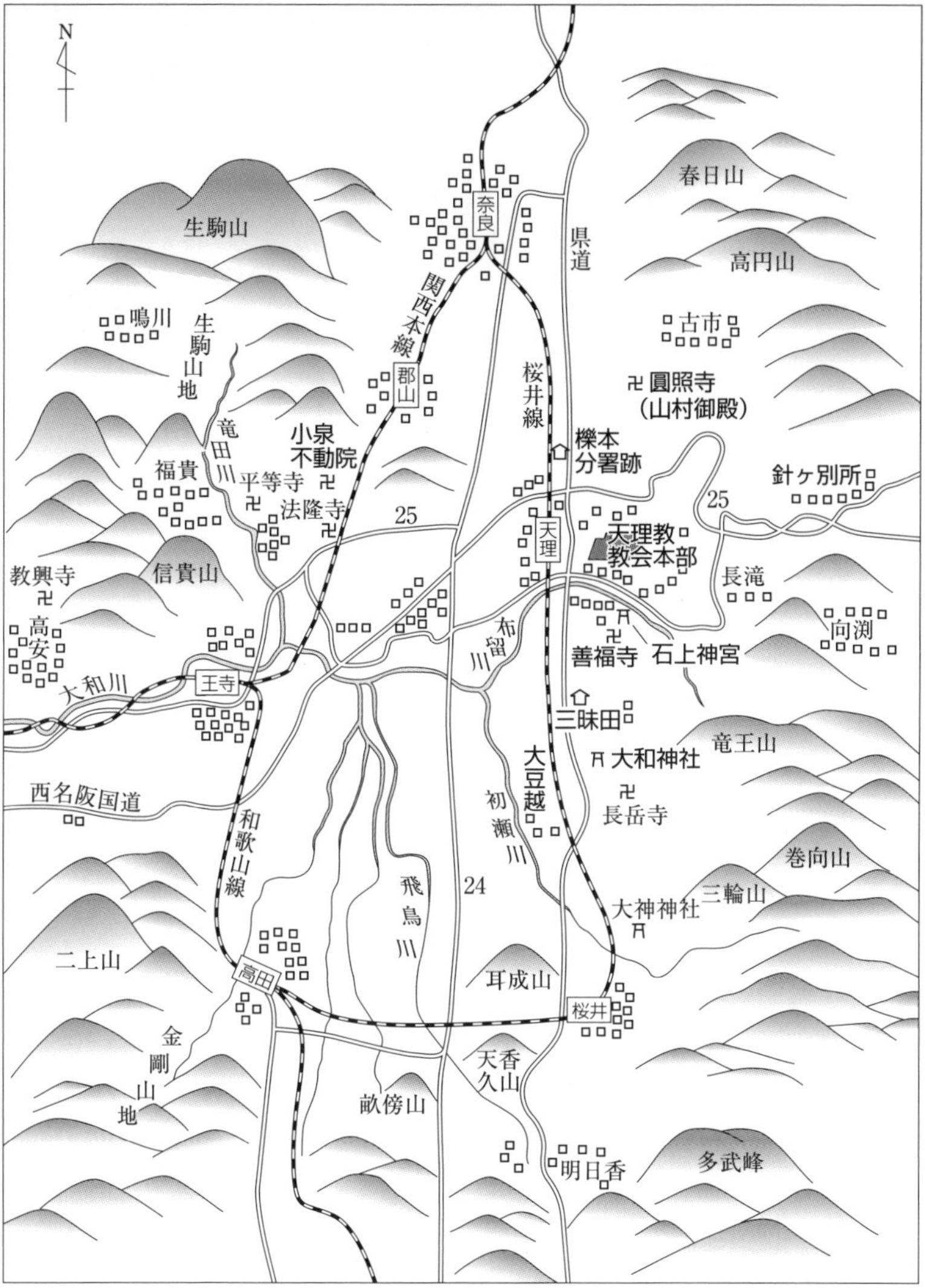

みきの信仰をはぐくんだ大和盆地(天理教道友社編『ひながたを温ねる』による)

みきの少女時代で注目されるのは、両親が浄土宗《じょうどしゅう》の信仰に篤く、みきもその雰囲気に馴染んで、早くから「浄土和讃《わさん》」▲などを暗唱するくらいであった、という点である。浄土系の信仰が来世《らいせ》型のものであるとすれば、のちにみきが切り開いた現世《げんせ》型の信仰とは異なるので、その影響はなかったとする見方が多いが、無関係と言い切るにはいささか問題がある。私はかつて近世の寺院文書のなかで、ある真宗《しんしゅう》僧侶の法話の速記録をみたことがあるが、そこでは平生業成《へいぜいごうじょう》▲に力点をおく現世での救いが強調されていた。先述した共同体村落の近世的発展による現世利益への関心が、浄土系の信仰にもある種の変化をもたらしていたとすれば、みきの接した浄土信仰も、そうした性格のものであった可能性が高い。

また、みきが、当時盛んだった、人間の個別的な利益の欲求に対応した「小さな神々」による「小さな救い」を乗り越えて、親神《おやがみ》の「大きな救い」に目覚めていくとき、そこに先行するモデルがあったとしたら、大慈大悲《だいじだいひ》の阿弥陀仏《あみだぶつ》の存在以外にはありえなかった、と思われる点も重要である。

ところで、みきにはきぬという父方の叔母がいた。この人は、三キロほど離

▼**「浄土和讃」**　仏教歌謡の一つで、教えや高僧の行跡などを賛歌したもの。七五調風に連ねていく。次はその一例の花和讃。「帰命《きみょう》頂《ちょう》らい花わさん　花も紅葉《もみじ》もひとざかり　花のやうなる子を持《もち》て　蝶よ花よとそだてしに　無常の風にさそわれて……」と続いていく（『ひながた紀行』）。

▼**平生業成**　平生不断において他力《たりき》の信心を獲得したそのときに、往生《おうじょう》の機縁が結ばれ、浄土に生まれる身に定まること。つまり死後に救済されるのではなく、信心の獲得により、この世で救済の喜びがえられるということ（『岩波仏教事典』）。

れた庄屋敷《しょやしき》村の中山家に嫁いでいて、みきの優れた気質にほれ込み、あるとき、倅の善兵衛《ぜんべえ》との結婚話を持ち込んだ。これに対し、みきはそのころ、弥陀の浄土に憧れて尼《あま》になるという願望をいだいていたので、初めは返事をしぶっていた。しかし、両親の説得にあい、「夜業の後の念仏《ねんぶつ》を許して欲しい」という条件で、結局この話を承諾した。みきがまだ少女のかんばせを残す一三歳のときである。

結婚後しばらくして、みきは近隣の勾田《まがた》村（現、天理市）善福寺《ぜんぷくじ》で五重相伝《ごじゅうそうでん》▲という浄土宗の根本《こんぽん》教義を伝授する七日間泊りがけの儀式に参加している。そこでは浄土宗の教義にかかわる基本的な文献について学ぶわけだが、興味深いのは、口伝の趣を他言してはならないという戒めがあり、一種の秘事《ひじ》が含まれていたと考えられることである。もちろん、それは浄土真宗の異端である秘事法《ほう》門《もん》・隠れ念仏▲の秘儀などに比すべきものではなかっただろう。しかし、それが神秘的な性格をおびたものであるとしたら、むずかしい教学の話よりは、そうした体験のほうが、彼女の宗教的な資質になんらかの影響をあたえた可能性がある。

▼**五重相伝**　浄土宗における宗義の秘奥を授ける儀式。五重（機《き》・法《ほう》・解《げ》・証《しょう》・信《しん》の五回の講義と修行）を受ければ、誉号《よごう》の戒《かい》名《みょう》を授けられるというもの。善福寺の記録によれば、このときみきを含めて一九人の参加者があったという（『ひながた紀行』）。

▼**秘事法門・隠れ念仏**　浄土真宗の異安心《いあんじん》（＝異端）の一つ。教義を秘密裏に伝えるところからきている。善鸞《ぜんらん》が父親鸞《しんらん》から夜ひそかに伝授されたと称えたことに発する。

教祖が五重相伝を受けた善福寺（天理市）

五重相伝のようす

いずれにせよ、「念仏を許して」というみきの願いは、こうしてかなえられた。そればかりか、そこからは、家の者が、幼い嫁に対してなにかと心を配っているようすさえうかがえる。しかし、格式の高い家柄の主婦の座は、彼女にとって必ずしも心休まるものではなかった。地主とはいえいわゆる手づくりだから、家事だけではなく農作業にも人一倍励んだが、むろん、働き者のみきにとって、それはけっして苦痛ではなかっただろう。それより、一〇歳も年の離れた夫との関係には、当初なにかとぎこちないものがあり、そこに彼女にとっての深い悩みがあったにちがいない。そして、五重相伝を受けた数年後、彼女はそこから思いがけない試練に直面することになる。

妻として、人間として

これについては、『教祖傳』の記述によってそのまま再現してみよう。

その頃、かのという女衆《おなごし》▲があって、善兵衛の寵《ちょう》をよい事に、日増しに増長して勝手の振舞いが多く、終には、教祖をないものにして、我が身が取って替わろうと企て、或る日の事、食事の汁のものに毒を盛った。なにも

▼**女衆**　『教祖傳』の初版では「下婢」となっていた。つまり下働きの女、いうところの「下女」「女中」だが、今日では不適切とみなされるようになったので、当時の言葉のなかから比較的近いと思われるものにかえたのであろう。

知らず、これを召し上られた処、やがて激しく苦しまれた。家族の者は驚いて、懸命に看護の手を尽す一方、その原因を詮索すると、女衆の仕業であると分った。余りの事に驚き怒ったが、教祖は、苦しい息の下から「これは、神や仏が私の腹の中をお掃除下されたのです」と、宥《なだ》め容《ゆる》された。この寛《ひろ》いお心に触れた女衆は、初めて迷いの夢から醒め、深く己が非を詫びて真底から悔い改め、やがて自ら暇をとって身を退いた。

状況は説明しなくてもわかっていただけるであろう。淡々と書かれているが、事柄としては、普通の人が一生のうちでも滅多に出会わない驚天動地《きょうてんどうち》の出来事だったわけだ。いずれにせよ、この話は、文脈からすると、「教祖の寛いお心」を示すのが究極の目的であるかのように読める。だとすれば「なるほど、教祖はすごい人だ」ということで得心すれば、それ以上のことがここでは期待されていないのかもしれない。その意味で、先述した中山慶一《よしかず》の『私の教祖《おやさま》』の次のような受けとめ方は、まさに「正解」というべきなのだろう。

この事実は何を我々にお教え下されているのであろうか。私は「徹すれば道開ける」という真理であると悟る。「捨て、はおけん、ほってはおけんと言う処まで行けば神が働く」とお諭しになっているが、真実の限りを尽くして親神様が「捨て、はおけん、ほってはおけん」と思召《おぼしめ》し下されるところまで徹し切れば、いかなる難局も必ず打開されるものであるという事を、身をもってお示し下されているものと拝察される。

ちなみに、当時のみきはまだ神がかりの二〇年近く前だが、この著者はみきのことをすでに「神の如き教祖」として賛嘆する一方、かののことを「邪恋に狂うおかの」「強い妖婦《ようふ》的性格」などと口をきわめて貶《おとし》めている。たしかに、そのほうがわかりやすいし、事実、毒殺まではかったかのに弁解の余地はない。しかし、心の闇の部分にこそわれわれがみすえるべき人間の真実があるとしたら、ここにはそこを照らしだしてみようとする意図がまったくうかがえない。ついでにいうと、この人の文法には、順接ばかりで逆接や逆説《パラドクス》がない。これは天理教に限らず、およそ、護教《ごきょう》を旨とする教団関係者に比較的よくみられる傾向だといえよう。

それはともかく、そうした目で、もう一度『教祖傳』の引用部分をみなおしてみると、私が目を逸《そ》らすことができないのは「これは、神や仏が私の腹の中をお掃除下されたのです」という個所である。おそらく、教祖の賛嘆を前提とする立場からすれば、ひたすらこれを教祖の「謙遜《けんそん》」とみるだろう。しかし、私はこれこそ彼女の赤裸々な本音を吐露したものと考える。これは、寸分違わず字義どおりに読まなくてはいけない。彼女も人の子なら、夫がほかの女性に魅かれていくのを冷静にながめていたはずがない。それを嫉妬《しっと》と呼ぶことにもためらいがあってはならない。彼女は、まさに自分の心を、神仏に洗い清めてもらわなければならないと思うほど穢《けが》れていると心底感じていたのである。

やがて教祖となった彼女が、人びとに繰り返し心の入替えを求めた根拠がここにある。彼女は、自分を神のごとき清らかさに身をおいて、上からの目線で人びとに反省を求めたのではない。自分を苦しめていた自己中心のあさましい心のあり方のなかに、自分だけではない人間そのものの限界をみたからこそ、その言葉は切実なものとして、人びととの心に沁みわたっていったのだと思う。みきは、のちによく「ふし（節）から芽が出る」（九一ページ参照）といった。この場合の「節」とは、たとえば人間が深刻な苦難に直面し、それを自己中心的な人間のあり方を気づかせてくれる契機と悟ったら、それが「節」である。その意味で、これはみきの前半生における最大の節目の一つだったのではなかろうか。

みえぬ神を求めて

みきの前半生には、私の眼からみて、それよりはさらに重大なもう一つの節目があった。これについても、まずは『教祖傳』の伝えるところをそのまま紹介しておこう。なお、みきはかのの一件があったあと数年後の一八二一(文政《ぶんせい》四)年に待望の長男秀司《しゅうじ》を授かり、続いて長女まさ、次女のやすを授かっているが、この話はちょうどそのころ、みきが三一歳のときのことである。

出産の度毎《たびごと》にお乳は十分にあったので、毎度、乳不足の子供に乳を与えられたが、三十一歳の頃、近所の家で、子供を五人も亡くした上、六人目の男の児も、乳不足で育てかねて居るのを見るに忍びず、親切にも引き取って世話して居られた処《ところ》、計らずもこの預り子が疱瘡《ほうそう》に罹《かか》り、一心こめての看病にも拘《かかわ》らず、十一日目には黒《くろ》疱瘡となった。医者は、とても救《たす》からん、と、匙《さじ》を投げたが、教祖は「我が世話中に死なせては、折角《せっかく》お世話した甲斐がない」と、思われ、氏神に百日の跣足《はだし》詣《まい》りをし、天に向って、八《や》百万《およろず》の神々に、「無理な願では御座いますが、預り子の疱瘡難《むつか》しい処、お救け下さいませ。その代りに、男子一人を残し、娘二人の命を身代りにさし出し申します。それでも不足で御座いますれば、願満ちたその上は私の命をも差上げ申します」と、一心こめて祈願された。預り子は日一日と快方に向い、やがて全快した。

これには後日談があって、その後次女のやすは四歳で夭折《ようせつ》し、ついで三女はる、四女つねとあいついで生まれるが、そのつねも三歳で夭折している。翌年の一八三七（天保《てんぽう》八）年には五女こかんが生まれているが、後年みきは「願い通り二人の子の命を奪っては気の毒なので、神様が一人迎《むか》い取ってはその魂を次の子に吹き込んで蘇《よみがえ》らせて下さったのだ」といっている。その意味でみきの願はまさに成就したわけだが、それにしても、人の子の命を助けるためとはいえ、そのためにわが子の命を差しだすとは、なんと残酷な話であろう。たとえそれが神の思召しであろうとも。ここでは、神様ではなくて人間の話をしよう。

「折角お世話した甲斐がない」というのは、やや自己中心的な言い方だが、教祖も人の子ならばそういったのかもしれない。しかし、そこがこうした伝聞資料のあぶないところで、「と思われ」というのは聞き手の解釈の可能性もある。事柄を考えてみよう。人の子をあずかるというのは、頼まれたからというより、世話好きなみきが進んで申し出たことらしい。

とすれば、その子が命の危険に晒された場合、事の重大さ、責任の重さに動転するのが人の常ではないか。ましてや、子宝にめぐまれたばかりのみきにして、その子を失うことの辛さを思えば、相手の親に申し訳が立たない、なにがなんでも助けなければ、という狂わんばかりの思いだったにちがいない。だからこそ、なりふりかまわず跣足詣りもし、八百万の神々にも、手当り次第に祈願せずにはいられなかったのだ。

しかし、ここで私が一番注目したいのは、結果的に、その子が九死に一生をえても、それで彼女が本当に納得したのかどうか、ということだ。そのときの神頼みは、自分の願いを一方的に神に押しつける信心でしかない。そのかぎりで、彼女はまだ伝統的な御利益《ごりやく》信仰の内側にいたのだといっていい。内側にいながら、その限界を噛みしめつつ、その向こうにあるかもしれぬ、みえない真実の光を必死になってまさぐっていたのだともいえよう。そうやって、「神」といえばなんでもよいのではなく、まさに「どういう神」、人間に即していえば「どういう信心」という、その「内実」を問うところに、自分をどんどん追い込んでいったのではなかろうか。

　この事件ののち、彼女が神がかりをとおして「元《もと》の神」「実《じつ》の神」の命に従うのは、まだ一〇年も先のことである。その間彼女の信境にどのような変化があったのかを、彼女自身はなにも語っていない。しかし、この過程で、彼女はおそらく、思いもよらないところから神の光が差していたことに気がついていったのだろう。それは私にもうまくはいえないが、たとえば、自分の願いを神に押しつけているあいだはついにみることのできなかった、またみようともしなかった神の真実の姿が、そうした自分の心のあり方そのものに目を向けることによって、はじめてみえてくる、というような体験だったのではなかろうか。そして、その眼差しが、まだ光のみえない闇のなかにいてみずからを苦しめている多くの人びとの身のうえにおよんだとき、「世界一れつ《（列）》をたすけ《（救）》る」という神の願いに殉ずる心構えが、徐々に準備されていったのだと思われる。その意味で、一八三八（天保九）年の彼女の神がかりは、偶然のものではなく、時満ちて起こったのである。

こうしたみきの体験は、江戸時代の民衆が長年にわたって積み重ねてきたものを、身みずからにおいて追体験しているような趣きがある。中山慶一の『私の教祖』はその点で、親神の意思は絶対的に自由なものであり、その思召しを伝える教祖も絶対者なのだから、時代や社会の影響を受けるはずがない、としながら、他方で、教祖を「時代の子」としてみることも重要だとし、この本の一章を「教祖とその時代」についての六〇ページにもおよぶ考察にあて、神を見失った江戸時代の民衆の不幸が、教祖みきの誕生に深くかかわっていることを示唆している。さきほどは彼の教祖伝の不満な点について述べたが、これは重要な指摘だと思う。

②――「おふでさき」の世界

「貧に落ち切る」

こうして、一八三八(天保九《てんぽう》)年、みきはいよいよ神のやしろ(社)となる日を迎えるわけだが、これについては冒頭で述べているので、ここでは繰り返さない。

それから数年のあいだ、彼女はしばしば内蔵《うちぐら》に閉じこもって独り語《ご》つようになったと伝えられる。いくら「時満ちて」とはいえ、神がかりそのものは突然のことであり、日常の「われ」に返ると、言い知れぬ不安に襲われたことであろう。そのなかで一人、神と向きあい、時には神に抗弁もしながら、「世界一《いち》れつ(列)をたすける(救)」という神命に従う覚悟を固めるための、これは充電期間だったのではなかろうか。しかし、家族や周囲の人たちにとって、そのことは事柄として認めてもとうてい理解のおよばぬことであった。ちょうどそのころ、息子の秀《しゅう》司《じ》が妻を迎えるが、夜中にみきの尋常でない神がかりの声を聞いて、こわくてこんな家にはいられないと、三日を待たずに実家に帰ってしまう。気の毒なのは秀司であった。

高塀

ところが、ことはそれだけではすまなかった。神との対話のなかで、神がみきに急《せ》き立てて求めたのは「貧に落ち切る」ということであった。神に忠実であらんとするみきは、これに従うべく、家財道具や金銭をつぎつぎと貧しい人たちにほどこしていくのだが、神の要請はとどまるところを知らず、ついには「家形《やかた》」(＝母屋《おもや》)の取壊しを求めるまでにいたる。それでは庄屋《しょうや》としての面目どころか一家の生計もあやぶまれることになる。さすがの善兵衛《ぜんべえ》もこれには従うわけにはいかなかった。しかし、その旨を伝えると、みきは「不思議にも」体に変調をきたし、食事もとらず、床に就いてしまった。

仕方なく善兵衛はまたぞろ縁者を集め、改めて神の(つまりはみきの、といっていいだろう)意向をうかがうと、「まずは母屋の入り口の瓦を下ろせ」との命がくだる。神(＝みき)も、いわば条件闘争にはいったわけだ。そうなれば従うほかはないので、人びとが瓦をおろしはじめると、みきの病はたちどころに治ったという。「不思議にも」というのは『教祖傳』の言葉だが、これは中途半端に「神」を懼《おそ》れる人びとの足元を見透かしてみきが「仮病」を使ったのだ、とも考えられる。とすれば「不思議」でもなんでもない。不謹慎な解釈だといわれそうだが、一教を立てるほどの人にして、それも「器量」のうちではなかろうか。一般に、教祖伝や教典の類を読むとき、もっとも大切なことは、われわれの想像力を駆使してその背後にある意味を読みぬくことであり、けっして字面を追うべきではない、というのが私の自戒だが、本当の共感はそこからわいてくる。

こうして神命↓抵抗↓みきの病という循環を繰り返しながら、彼女の願いは貫徹していくのだが、あとはその後の経過だけを述べておくと、次には家のシンボルともいうべき「高塀」を取り払い、ついには農家の生命線ともいうべき田地にまで手をつけて施しが続けられた。さらに、夫善兵衛がなくなった一八五三(嘉永《かえい》六)年には、懸案だった母屋も売り払われ、五五(安政《あんせい》二)年には残されていた田地三町《ちょう》歩《ぶ》余も質にだして、以後約一〇年間、どん底の生活が続いたという。

こうなると世間の人びとはいうにおよばず、身寄りの者も、みきを精神に異常をきたした者とみなし、ほとんどよりつかなくなってしまった。「神のやしろ」とはいえ、みきも世間の常識のなかで育った人だから、家族にまでこうした苦難を強いることへの言い知れぬ葛藤《かっとう》があったにちがいない。そのためであ

▼高塀　大和《やまと》盆地に広くみられた民家の屋根の形式で、高塀造り、大和棟造りとも呼ばれる。一般に、急勾配の麦または茅《かや》などの草葺《くさぶ》き屋根と一段さがった緩勾配の瓦《かわら》屋根で構成される。瓦屋根には小さなやぐら屋根がついており、概ねかまどの煙抜きとして機能している(『ひながた紀行』)。

▼教祖の施し　ただ貧しい人というだけでなく、社会的にいわれのない差別を受けていた人たちにもおよんでいたことが知られる。池田士郎『中山みきと被差別民衆』は、教祖が、被差別部落の人たちやハンセン病の人たちとも親しく交わり、その救済にも積極的であったことを明らかにしている。

ろう、みきはあるときは池に、あるときは井戸に身を投げかけたこともあったという。後述する「おふでさき」には、「かみは、どんなところにいる人間も、その心の中をしっかり見ている」という趣旨の言葉があるが、みきの孤独な心を慰め、死の誘惑から救ったのも、ギリギリのところで、みきがそうした神への信頼を失わなかったからにちがいない。

それにしても、この「貧に落ち切る」という極端な行為にはどのような意味がこめられていたのだろうか。神の命だからといえばそれまでだが、それをみずからに引き受けたみきの側の主体的な理由である。察するに、一つには、物的にめぐまれてはいても、それを維持するための封建《ほうけん》的な家族制度のゆえに背負わなければならなかった不幸から、みずからを真に解放するための、それが唯一の道だと考えられたからではなかろうか。その意味で、みきの「神がかり」は、その伏線だったともいえよう。

そうして、もう一つは、もちろん、「世界一れつをたすける」という神の願いを成就するためだが、最後の一人までもれなくたすけるには、みずからどん底の境遇にいる人と同じ位置に身を沈め、その願いをわがものにしなければなら

▼**「陽気ぐらし」**　後述のみきの創造神話「元初まりの話」の冒頭に、人間をつくってその陽気ぐらしをみたいというのが、神のこの世と人間創造の動機だったとあることからもうかがえるように、人間は「陽気ぐらし」という目的のために創造されたものであり、人生の究極の目的もその実現にあるというのがみきの根本《こんぽん》思想。「陽気ぐらし」とは、陽気な心、明るく勇んだ心で日々をすごすこと。みきの思想のもっとも重要なキイワードの一つ。

ない、というのが彼女の信念だったからだと思われる。さらには、物的な欲望からの解放（単なる否定ではなく）こそ、彼女のいう「陽気ぐら《（暮）》し」▲の実現を保証するものだということを、身をもって示す意図もあったにちがいない。しかし、そのことを人びとが理解しはじめるのは、みきが教えとしてそれを宣《の》べ伝えるようになってからのことになる。

ちなみに、イギリスの推理作家ミネット＝ウォルターズの言葉に「貧困が人を向上させるのは、豊かでいることもできるのに、自ら貧困を選んだ人の場合だけだ」（『女彫刻師《おんなちょうこくし》』）というのがある。辛辣《しんらつ》だが真実の一端を穿つものといえよう。みきの動機における正当性とは別に、心にとめておきたい言葉だ。

「にをいがけ」

天理教《てんりきょう》で「にをいがけ」▲というのは、一言でいえば布教・伝道のことである。話は少し戻るが、善兵衛がなくなった悲しみも消えやらぬ一八五三（嘉永六）年、一七歳になった五女のこかん▲が、神の指図に従って供《とも》の者二人とともに「親神《おやがみ》の御名を流すべく」浪速《なにわ》の町（大阪）に向かい、人出でにぎわう道頓堀《どうとんぼり》で、拍子《ひょうし》

▼「にをいがけ」　花がよい匂いを発散すれば虫が誘引されるということから、みきは信仰にいざなうことをそれにたとえた。積極的に神の恵みを取り次いでたすけることは「おたすけ」と呼ばれ、「にをいがけ・おたすけ」で布教・伝道を意味することが多い。

▼こかん　一八三七～七五。みきの五女として生まれる。こかんが浪速に最初の布教にでかけたのは、それだけこかんの宗教的資質によせるみきの期待が大きかったからだろう。みきのもとに信者があらわれはじめた文久のころから、教祖の傍にあって、みきの活動を支えたが、後述（八七ページ参照）のように、やがて神への奉仕と人間的な愛との相克《そうこく》に苦しみつつ、一八七五（明治八）年、三九歳の生涯を閉じた。

木《ぎ》を打ちながら繰り返し神名《かみな》を唱えた。

「なむ天理王命《てんりおうのみこと》、なむ天理王命」。

「天理王命」とは、みきが唱えはじめた親神のいわば固有名詞である。『教祖傳』によると「生き生きとした」こかんの声に人びとの心は「勇んで」きた、とあるが、それはどうであろう。まだ花も恥じらう一七歳の少女にして、みきの意図も十分には理解しにくかったであろうこかんが、物珍しげな衆目に晒され、その声が羞恥心《しゅうちしん》で震えていたとしても、それはそれでわれわれの胸を打つものがあるのではなかろうか。いずれにしても、天理教ではこれが「にをいがけ」の嚆矢《こうし》であったとされている。

立教《りっきょう》から一五年、みきの神はいよいよ本格的な「一れつ《（列）》のたすけ《（救）》」に向けて動きはじめたのである。このころ、みきのなかではすでに、人を助けずにはおかない親神への絶対的な信頼と、欲にまみれた人間の心の入替えを軸とする教えの大綱ができつつあったはずだが、病気なら治してくれる、災厄なら除けてくれるという「験《しるし》」のみを求めてやってくる人びとの心に、そのような教説はむなしくこだまするだけだったかもしれない。そういう人たちをも納得させるには、

こかん浪速布教の絵（清水静湖画）

▼**「をびや許し」**　「をびや」は帯屋と書かれることもあるが、「うぶや」（産屋）の転訛《てんか》したもの。民俗的には出産のための忌《いみ》の期間を送るところであり、産室でもある（『改訂 天理教事典』）。「許し」というのは、疑いの心さえなくせば、親神が（安産を）保障する、ということ。

やはりなんらかの「験」を示すほかはない。むろんみきにとってそれはただの「方便」ではなく、「自由自在《じゅうようじざい》」の親神にしてできないことはないという信念に基づくものであったろう。そうしてみきが最初に試みたのが「をびや許し」と呼ばれる安産の方術《ほうじゅつ》である。

浪速での「にをいがけ」の翌年、一八五四(安政元)年のこと、みきは、初産のため実家にきていた三女のはるにはじめてこの術をほどこした。それは、お腹に三度息を吹きかけ、三度撫でるという簡単なものであった。やがて出産の当日となったが、その日はたまたま駿河《するが》から相模《さがみ》におよぶ大地震があり、みきの家でも産屋《うぶや》の壁が落ちるほどゆれたという。ところがはるは何事もなかったかのようにやすらかに男児を産んだ。その後、その話を伝え聞いた村人たちのなかからも「をびや許し」を願い出てそのお陰をいただく者がふえ、「庄屋敷《しょやしき》村の生神様《いきがみ》」の噂《うわさ》はたちまち近郷近在に広がった。

みきが人助けの手始めに、女性の出産に着目したのはまさに時宜をえたものであったといえよう。出産は当時の女性にとっては生命にもかかわる大仕事であった。人びとは「毒忌み」や「凭《もた》れ物」などのさまざまな俗信に安産の願いを託

▼大地震　一八五四(嘉永七・安政元)年には、六月に近畿地方を襲う大地震があり、十一月に東海地方を襲う大地震があって大きな被害を受けたが、ここでは後者の地震をさす。

▼毒忌み・凭れ物　妊婦は腹帯をつけはじめるころから忌の生活にはいるが、毒忌みはその最たるもの。大和ではエビやカニ、お茶などをいむほか、鶏や兎は奇形になるとして避ける風習があった。凭れ物とは、産室の畳をあげ、床に蓆《むしろ》をしき藁《わら》束や布団などをおき、分娩の際に凭れかかるためのもの。なお、産後は穢《けが》れているとして七五日は神仏に参ることもできなかったが、みきは早くから女性の生理や産褥《さんじょく》の穢れを否定していた。

したが、それらはかえって、女性たちの不安や負担を重くしていた。それだけに、息を吹きかけお腹をさするという簡単な所作で安産が約束されるこの方術は、合理的な根拠を求めず、結果の如何《いかん》さえ問わなければ、まさに出産の不安をかかえた女性たちに待望の福音《ふくいん》をもたらすものであったといえよう。ちなみに方術とはいえ、これが呪術《じゅじゅつ》的な要素のきわめて希薄なものであったことは、のちに「金平糖《こんぺいとう》」を紙にくるんだ御供《ごく》▲の授与に変わっていくことによってもうかがい知れる。

　親神による特別の救済手段としてはほかに「扇のさづけ《授》」「御幣《ごへい》のさづけ」「肥《こえ》のさづけ」などの「さづけ」と呼ばれる一連の方術があったが、煩瑣《はんさ》にわたるので省略し、ここでは、これも人びとの意識によりそう形で展開された「病気治《やまいなお》し」の性格についてふれておきたい。

　「病気治し」は医学の発達した今日でもあらゆる信仰のおもな入り口の一つである。しかしそれはやはり入り口でしかない。そのことを一番よく弁《わきま》えていたのはみきであったろう。

みきには独自の病気観があった。それは、この世はすべて「神のからだ《体》」であ

▼**御供**　本来は神前への供えもののことだが、そのお下がりをつつんで信者に下付したもの。初めは、はったい粉(麦こがし)や金平糖が用いられたが、のちには洗米となった。主として病気への対応が目的だが、教祖は「何も御供が効くのやない、心の理が効くのや」と述べていたという。つまり神の守護を信ずる、その心に神が答えてくれるのだ、という意味であろう。

るという見方から導かれる。「一れつはみな兄弟」という教えはそこに根拠をおくものだが、今一つは、だから人間の体はもともと自分のものではなく、神の「かし《貸》もの」、神からの「かり《借》もの」であり、神の願う「陽気ぐ《暮》らし」を実現する「どふぐ《道具》」なのだ、という考えもそこから生まれる。したがって、「わがもの」といえるのは本来「心」一つだけである。ところが、人間の心は「ほこり《埃》」にまみれていて、この道理がなかなかわからず、おたがいに傷つけあい騙《だま》しあい、この世を苦しみの世界にしている。だから病気（教祖の教えではこれをしばしば「身《み》上《じょう》」あるいは「身上の障《さわ》り」と呼んでいる）というのは、神が人間の体においてこの道理を知らせ、反省をうながすためにならす警鐘なのだ。簡単にいえば、それがみきの病気観のあらましである。

　こうしたみきの考え方が、病気治しを求めてやってきた人たちにどの程度理解されたのだろうか。次ページの表は、みきの導きによって信仰をえた高弟の人たちの入信の動機をまとめたものである。これをみると三四例中二四例と、七〇％強が「病気治し」で占められている。治病にかかわる奇蹟話はむろんうのみにすべきではないが、少なくとも当事者が「治った」と信じていれば、それは

初期の高弟と入信の動機

氏名	職業	入信時期	入信当時の年齢	動機
西田伊三郎	農業	文久元年ごろ	36歳	妻コトの歯痛
村田幸右衛門	農業	2年ごろ	42歳	本人の腹痛
仲田儀三郎	農業	3年2月	33歳	妻かじの産後の患い
辻忠作	農業	3年7月	28歳	妹くらの気の病
山中忠七	農業	元治元年1月	38歳	妻そのの痔病
飯降伊蔵	大工	元年5月	32歳	妻おさとの産後の患い
山沢良治郎	農業	元年	34歳	実姉山中そのの霊救
桝井伊三郎	農業	元年	15歳	母キクの身上
前川喜三郎	農業	元年	31歳	妻たけの胃痛
上田平治	農業	元年	不詳	義姉山中そのの霊救
岡本重治郎	農業	元年	46歳	義姉山中そのの霊救
松尾市兵衛	農業	慶応2年5月	32歳	妻はるの産後の患い
喜多治郎吉	農業	明治元年12月	17歳	本人の眼病
松村栄治郎	士族	2年1月	28歳	妻サクの妹まつゑが秀司に嫁して
泉田藤吉	合力	4年春	32歳	霊救の噂を聞き参拝して
山本利三郎	農業兼綿商	6年夏	24歳	本人の相撲の打ち身
増井りん	農業	7年12月	32歳	本人の眼病
西浦弥平	農業	7年	31歳	長男楢蔵のジフテリア
宮森与三郎	農業	7年	18歳	本人の左腕痛
板倉槌三郎	農業	9年8月	17歳	教理に感動して
上田嘉助	農業	9年9月	47歳	四女ナライトの気の病
井筒梅治郎	綿卸商	12年7月	42歳	長女たねの病
土佐卯之助	回船業	12年秋	25歳	本人の心臓脚気
高井猶吉	桶屋奉公	12年	19歳	本人の悪性感冒
松田音次郎	農業	13年	37歳	友人の霊救，みかぐらうたに感じて
上原佐吉	畳表商	13年	不詳	教理に感じて
梅谷四郎兵衛	左官	14年2月	35歳	兄浅七の眼病
山田伊八郎	農業	14年5月	34歳	山中忠七長女こいそと結婚して
深谷源次郎	鍛冶	14年9月	39歳	教理の明朗さに感じて
鴻田忠三郎	農業	14年	54歳	二女りきの眼病
小松駒吉	大工	15年6月	18歳	本人のコレラ
諸井国三郎	殖産業	16年2月	44歳	三女甲子の咽喉痛
清水与之助	空瓶業	16年5月	42歳	父伊三郎の足痛
上村吉三郎	学務員	16年	46歳	本人の足怪我

天理教道友社編『ひながた紀行』270ページの表による。

彼らのこととして承認しなければならない。ただ、それが「治る」ことを自己目的にしたものであるかぎり、そこには「治らなければそれまで」という偶然性がつきまとう。大方の教祖伝は失敗例などは載せないし、載せても当人の信心不足に帰せられることが多いので、その点は留意する必要がある。

これに対して「教理に感動して」というのはわずか三例ながら、はるかに信心の永続性を保証するものであったといえよう。また、別の文献では、みきが、寺社への拝み信心と違って、金銭を求めず「お話だけで助けてくれる」神様として評判をとっていた、という証言もある。伝承が残している「病気治し」の奇蹟話が、初期の教勢の発展に大きく寄与していることは疑いないし、みきもそれをためらった形跡はないが、「病気治し」はやはり信心の入り口であって、大きな救いはその先にあるというのが、みきの立場だったと思われる。そうした彼女と信者たちとのギャップは、なかなか埋まらなかったもののようで、彼女がしばしばみせたたすけの「急きこみ」は、そこに起因していたようにも思われる。教祖と呼ばれる人びとのなかには教勢が発展するなかで却って孤独を深めていく例があるが、みきもその例外ではなかったようだ。

「よふぼく」——神に引き寄せられた人びと

「おふでさき」の用語のなかに「よふぼく」というのがある。漢字で書けば「用木」、つまり建築用材のことだが、みきはこれを「陽気ぐらし」建設のための人材、とくに布教伝道にあたる人たちをあらわす語に転用している。建築用語とともに比喩《ひゆ》としてよく用いられたのは農事用語だが、このように人びとに馴染みの深い言葉を好んで用いるところにも、みきの宗教の庶民的な性格がよくあらわれている。▲

さきの表にでてくる人びとはいずれも教祖のもとで信心を深め、やがて「よふぼく」となるべく神に「引き寄せられた」人びとだが、入信の時期をたどってゆくと、文久《ぶんきゅう》年間（一八六一～六四）から始まって元治《げんじ》年間（一八六四～六五）にいたるまで一つのまとまりをみせていて、このころから教団形成に向けての動きが急速に進んでいったことがわかる。いずれも初期の布教に貢献した個性豊かな人たちであり、教祖からみれば不足もあっただろうが、弟子たちは教祖あっての弟子であると同時に、教祖も弟子あっての教祖であってみれば、それらの人物像もできるだけ取り上げてみたい欲求にかられる。しかし、紙幅も限られ

▼**「みかぐらうた」にみるおもな建築・農事用語**　こえ（肥）、つくりとる（作り採る）、ほうねん（豊年）、とりめ（収穫高）、でんぢ（田地）、まいたるたね（蒔いたる種）、もっこ（畚）、ふしん（普請）、やしき（屋敷）、やかた（屋形）、だいく（大工）、とうりょう（棟梁）、かんな（鉋）などなど。

ているので、ここではとくに教祖の信頼が厚く、親神の指図を伝えるという重責を託され、教祖の没後も、真柱《しんばしら》を中心とする近代の教団体制が安定的に確立するまでその役割を担い続けた飯降《いぶり》伊蔵《いぞう》についてのみ簡単にふれておく。

伊蔵が入信したのは一八六四（元治元）年、三二歳のときである。当時の彼は中山家から二キロほど離れた櫟本《いちのもと》村で大工をしていた。入信の動機はご多分にもれず妻の産後のわずらいで、これをこかんがみきに取り次ぐと、みきは、「天理王命という神は初めてのことだから信じがたいだろう」といって「散薬《さんやく》」をあたえ、これが功を奏したか、まもなく全快のお陰をいただいた。これが機縁で夫婦はみきのもとに熱心にかようようになる。伊蔵は、お礼の印に「社」の建築を申し出、「小さなものなら」との許しをえて、屋敷の一角に取り残されていた米蔵と綿蔵を壊し、その跡地に神床《かんどこ》▲を備えた二一坪（約六九平方メートル）ほどの建物がたった。これがいわゆる「つとめ場所」と呼ばれているものである。教祖の意に反してやや大きなものになったので、ほかの弟子たちの協力なしにはできない事業だったが、たまたまとはいえ大工伊蔵の入信が、布教のうえでの一つの画期をもたらしたのであった。

▼神床　社を安置する段。今日の教会本部では、教祖殿・祖霊殿にそれぞれ神床があり、そのうえに社が安置されている。教祖在世中は最初隠居所の八畳間の床に御幣をまつっていたが、以下にいうつとめ場所が新設された際、上段の間の北側の一角に神床が常設された（四三ページ図参照）。

飯降伊蔵（一八三三〜一九〇七）

▼**教祖存命の理**　教祖は現身《うつしみ》を隠したのちも魂は永遠に変わることなくもとの「やしき」にとどまり、地上の月日として存命のまま一列の人間を守護していく、という教理。

伊蔵はその後も屋敷内のおもな建物の建築に携わったばかりではなく、つねにみきの側にあって布教活動を支え、一八八一（明治十四）年からは、みきの強い要請を受けて一家がみきの屋敷内に移り住んだ。そのころから伊蔵は「仕事場」と呼ばれてみきのかわりに「神意」を伝えることが多くなる。後述のようにみきの晩年には国家権力の弾圧が激しくなり、みきをはじめ多くの幹部が警察に拘引されたが伊蔵もその例外ではなく、文字どおり教祖と苦楽をともにする生き方をとおした。教祖がなくなったあと、悲嘆に暮れる幹部たちに、教祖は姿を隠してもその御霊は生きて働きこれからいよいよ「世界を駆け巡ってたすけをする」（教祖存命《おやさまぞんめい》の理《り》▲）という神の「おさしづ」を伝えて、彼らの動揺をしずめ、みずから「本席《ほんせき》」を名乗ってみきの業を継承する体制を整えた。

教祖なきあと、教団は必ずしも教祖の遺志とはいえぬ教会公認運動、別派独立運動に挺身するが、伊蔵はみきの教えの灯を守ることに専念し、一九〇七（明治四十）年、七五歳の生涯を閉じた。天理教が別派独立の悲願を果したのはその翌年のことである。文明開化《ぶんめいかいか》の世《よ》になっても髷《まげ》を落とすことのなかった彼の肖像写真（前ページ参照）は、その実直な性を今に伝えている。

つとめ場所(天理市)

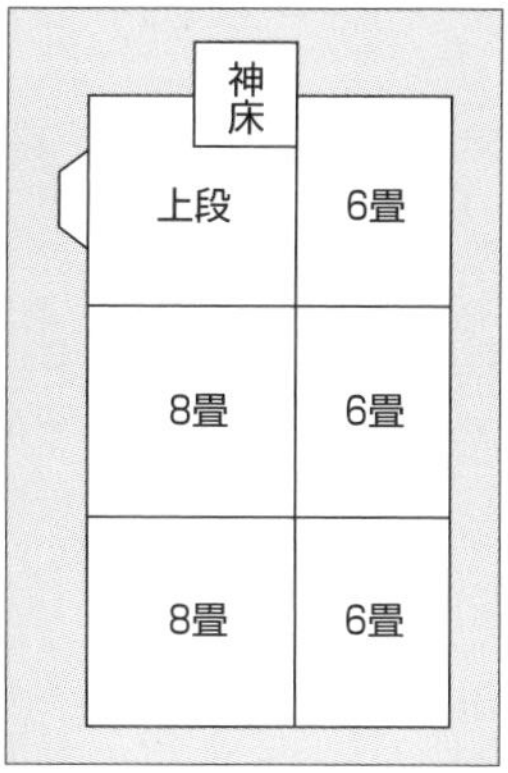

つとめ場所の内部

大和神社（天理市）

▼**大和神社**　教祖の屋敷から南へ約三キロ、現在の天理市新泉《にいずみ》町にある古社。旧官幣大社《かんぺいたいしゃ》の一つで、『記紀《きき》』に登場する倭大国魂大神《やまとおおくにたまのおおかみ》、八千戈大神《やちほこのおおかみ》、御歳大神《みとしのおおかみ》を祭神《さいじん》とする。日本最古の神社ともいわれている。

ところで、新しい宗教が台頭してくると、守旧的な宗教勢力が縄張りを守ろうとして嫌がらせや乱暴を働くのは歴史上よくみかけることだが、天理教もそうした憂き目をみている。この場合の守旧勢力とは、とくに病気治しなどでみきと競合すると考えた山伏《やまぶし》たちであった。『教祖傳』によると、まず、一八六四（文久四）年の初め、みきが信者たちの求めに応じて近隣の村にでかけ、人びとの難儀をたすけていると伝え聞いた医者の一人が、奈良興福寺《こうふくじ》末金剛院《こんごういん》の山伏を引きつれてみきが滞在していた家に闖入《ちんにゅう》し、難題を吹きかけたという。このときみきは毅然《きぜん》として論駁《ろんばく》し、これを退散せしめたといわれている。

さらに、つとめ場所の棟上げが行われた同年（途中元治と改元）秋、お祝い気分もさめやらぬ弟子たちが、教祖の許しをえて、このころ有力な信者をえてあらたな信仰の拠点となりつつあった大豆越《まめこし》村（現、奈良県桜井《さくらい》市）に繰りだすが、道すがら、式内社《しきないしゃ》の大和《おやまと》神社▲の前をとおりかかった際、鳴り物入りで「なむ天理王命」と高唱したところ、神社側からとがめられて三日間とめおかれ、厳しい詮議《せんぎ》を受けた（大和神社事件）。実は、でかける前みきから「神社の前を通る時には拝《はい》をするように」といわれていたのだが、弟子たちには「拝をする」の意味に若干誤解があって気勢をあげてしまったもののようである。いずれにせよ、この事件をきっかけに信者のなかから落後者《らくごしゃ》もでてきて、あちこちの村々にできかかった講を結ぶ動き（七九ページ参照）が一時期ぱったり止んでしまったという。みきの言葉はすでにその試練を予測してのものであったかもしれない。

その後も、僧侶が白刃を手に暴れ込んだり、異説を唱え始めた信者の一人が先述の金剛院を頼んで談判におよぶ事件（助造《すけぞう》一件▲）があったり、小泉《こいずみ》村（現、大和郡山《やまとこおりやま》市）不動院《ふどういん》の山伏たちが狼藉を働くといった事件があいついだが、みきは「ほこり《（埃）》はよけて通れ」と弟子たちに繰り返し諭したといわれている。論難に対しては毅然として反論しつつ、無益な挑発には乗らないというのがみきの基本姿勢であった。

「元初まりの話」――民衆的ユートピアの原像

こうした守旧勢力からの執拗な攻撃が始まったころから、みきはその「教え」を形あるものとしてあらわすことに力をそそぎはじめる。それは、彼女における内的な必然性によるものであろうが、他方では、山伏たちの病気治しとは違

▼助造一件　一八六五（慶応元）年、針ケ別所《はりがべっしょ》村の助造という信者が「針ケ別所村が本地《ほんじ》で庄屋敷村は垂迹《すいじゃく》である」という異説を唱えはじめたため、教祖がみずから助造宅に乗り込み説諭した事件。このとき奈良興福寺内の子院《しいん》、金剛院の者が助造の後ろ盾としてやってきたが、最後は助造が詫びて一件落着となった。

不動院（大和郡山市）

った「心直し」こそが「たすかる《（救）》」ということの本義《ほんぎ》なのだということを人びとに知らしめるためでもあったろう。その教えこそがみきの宗教の本領ならば、人物伝だからとてそれを避けてとおるわけにはいかない。そこで、ここからは暫く彼女の教えの中味についてみていくことにしたい。

天理教は明治期の別派独立の過程で『天理教教典』（明治教典）を編んでいるが、国家の公認をえるため心ならずも権力の意向をくんで教祖の教えをゆがめてしまった部分があり、これを正すため、教団は、一九四九（昭和二十四）年、いわゆる「復元」（四ページ参照）運動の一環としてあらたな『天理教教典』を制定した。これは教祖がその教えを直筆または間接の指示によって残した「おふでさき」「みかぐらうた」「おさしづ」の三つの原典のエッセンスをまとめたものである。このうちみきの教えをもっとも網羅的かつ系統的に述べているのは「おふでさき」だが、それ以外にも、早くからみきが説教のなかで繰り返し説いて聞かせ、これらの原典の思想を基礎づけていると思われる「元初《もとはじ》まりの話」というものが存在する。

その内容は、「おふでさき」のなかや『天理教教典』のなかでも簡潔に述べられているが、一八八一（明治十四）年「『こふき』▲を作れ」というみきの要請を受けて、弟子たちが彼女の口述したものを筆記した写本がその全容を今に伝えている。中味はそれぞれ少しずつ異なっているが、みきの個々の教えの源泉はすべてこのなかにあると思われるので、ここではまずその要点を掲げておくことにしよう。

私の理解によれば、この話はいわゆる「創造神話」にあたる部分、「神との関わりにおける人間の本性」について述べた部分、みきが神の社でありその屋敷が天地と人間創造の原点＝「元《もと》のぢば（地場）」であることを説いた部分の、ほぼ三つの柱から成り立っている。そこでまずその「創造神話」の部分だが、これは構成上からみると、『旧約聖書』の創世記の天地創造、『古事記《こじき》』でいえば神々の登場から国生み神話、神生み神話にいたる部分に比定できる。しかしその内容はむろんみき独自のものであった。以下に、主として『天理教教典』により、その個所を簡単に要約しておく。なお、天理教独自の言い回しに不慣れな人のために、言葉遣いは若干改めておいた。

この世の元の初まりは人間も世界もなく泥海《どろうみ》ばかりだった。それを味気な

▼こふき　教祖は、一八八一（明治十四）年ごろ、側近の人びとに一つのまとまった話をし、それを書きとっておくように指示した。今日ではこれを「こふき話」と呼んでいる。その内容からして、人びとは『記紀』神話をイメージし、「古記」の字をあてて理解しようとしたようだが、中山正善はその著『こふきの研究』のなかで、教えを筆記したのが「おふでさき」なら、これは話として口頭で伝える台本、つまり「口記」の意味ではないか、と推論している。

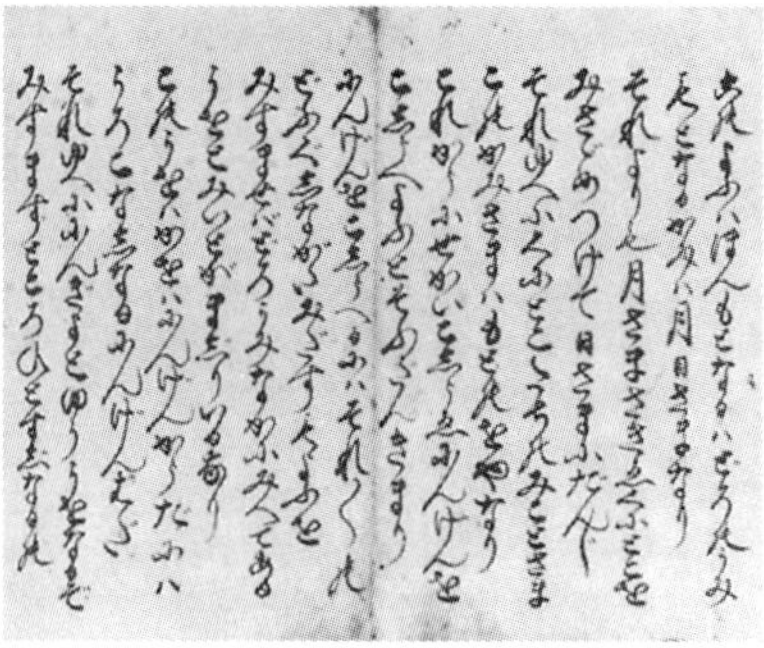

こふき本の写本（山澤本の一部）

く思った月日《つきひ》＝親神は人間と世界を作り、その陽気ぐら《（暮）》しを見て共に楽しもうと思いついた。そこで泥の中のどじょうからうおとみ（へび）を選り分け、彼らの了承を取って、これを夫婦の雛形として育てることにした。続いてしゃちとかめを呼び寄せ、同じく了承を得てそれぞれ男と女を作る道具としてうおとみに仕込み、男と女の雛形と定めた。いざなぎのみことといざなみのみことというのは、この両者に付けられた神名であり、月よみのみこととくにさづちのみことというのはそれぞれの道具のはたらき（骨格と皮膚の形成）に対して付けられた神名である。その後も他の生きものを次々に引き寄せて人間に必要な道具とし、それらにも神名を授けた。こうして準備が出来たので親神はいよいよ人間の創造にとりかかった。親神はまずどじょうを食べて人間のたねとし、親神の分身である月様《つき》はいざなぎのみことの、日様《ひ》はいざなみのみことの体内に入り込み、無数の子数《こかず》をいざなみのみことの胎内に宿し込んだ。やがていざなみのみことが産みおろした子数は成長と死滅を繰り返し、海山も天地も世界も皆出来て、人間は地上の生活をするようになった。この間水中に住んでいたのは九億九万年で、その後の六千年に知恵が仕込まれ、更にその後の三千九百九十九年に文字が仕込まれたという。

ご覧のように、ここには『記紀』神話に登場する神々もでてくるのでその影響もないとはいえない。たしかにみきは農村女性のなかでは知識人に属し、土地柄国学《こくがく》▲の影響もあったであろう。しかし、これをさまざまな階層の信者たちに説いて聞かせていたということは、『記紀』神話を変形し民話化されたものが、ある程度人びとに共有されていたからではなかろうか。だからこそ戦前の国家権力はまた、これを聖なる国典《こくてん》を汚す荒唐無稽《こうとうむけい》の謬説《びゅうせつ》として圧殺し続けねばならなかったのである。▲

荒唐無稽というなら『記紀』神話の国生み話も同じことだが、実は、かくいう私も、はじめてこれを目にしたときには、教祖の教えにとってさほど重要なものとは思わなかった。しかし、その後読み返すごとに、その民話的な語り口に、国学者風の大仰《おおぎょう》な注釈にはない自然な味わいを覚えるようになった。とりわけ、親神が人間をつくった動機は、造物主の権威を明らかにするためよりも、「その陽気ぐらしを見て共に楽しもうと思った」からだ、とさりげなくいっている

▼国学　江戸中期に起こった『古事記』や『日本書紀《にほんしょき》』『万葉集《まんようしゅう》』などの古典研究をとおして、仏教渡来以前の日本固有の文化を明らかにしようとした学問。国学の四大人《しうし》と謳われた先覚者の一人、本居宣長《もとおりのりなが》は大和の隣国伊勢松坂《いせまつざか》の人だったから、みきにも知識の一部として接する環境にあったとはいえよう。

▼権力の干渉・弾圧と「こふき」　こふきは誰いうとなく「泥海古記」と呼ばれた時期があった。これは「こふき」を荒唐無稽とする権力に、しばしば弾圧の口実として利用された。一八八四(明治十七)年、教祖が奈良監獄に一二日間拘留されたときも、それが理由の一つとされた。

ところに心引かれた。と同時に、その「陽気ぐらし」こそが、教祖の教えのもっとも重要なキイワードであることもしだいに納得させられていった。また、親神がいちいち「うお」や「み」の了承をとるというところも、なんとも微笑ましい光景ではないか。

　親神が求めたという「陽気ぐらし」とは、「おふでさき」のなかでは具体的には「病まず」「弱らず」といったきわめて生活的な言葉で表現されているが、要は、「胸の掃除」をして、欲を離れ、おたがいが助けあい、働くことに喜びをみいだす慈愛に満ちた社会のことにほかならない。それは思想としてはいかにありふれたものにみえても、幕末維新期の混乱に晒されていた民衆にとっては、きわめて切実な願いであったはずだ。

　こうした「陽気ぐらし」のイメージは、多くの人びとにとってけっして唐突なものではなかった。民衆的な伝統のなかには、そうした素朴な「理想郷《ユートピア》」への願望を反映したものがいくつも存在してきたからである。▲しかし、長らく民俗的な世界に埋もれてきたそれらの幻想に変革の息吹をあたえ、それを「待ち望む」ものとしてではなく、みずからを変えることによって主体的に「生み出すも

▼民衆的伝統のなかのユートピア

ユートピアとはなにかという問題はさておき、民衆の救済や解放への願望が生み出した理想郷ということでいえば、折口信夫《おりくちしのぶ》が、渡来した祖先の望郷の意識としてとらえた「妣《はは》が国」「常世《とこよ》」をはじめ、宮田登《みやたのぼる》が伝統的なメシア観をはぐくんできたとするミロク信仰など、それに類するものは少なくない。
ただ、それが必ずしも社会批判に転化しないところに、日本型ユートピアの特徴をみる人もいる。

の」として、はじめて歴史の表舞台に登場させた点に、思想史からみたみきの
ユートピアの画期的な意義があったと私は思う。

　そのほか、ここでは親神と月日をはじめとするその他の神々との関係はどうとらえられているのか、ということも重要な論点になるが、これについては後述の「おふでさき」のところで取り上げることにする。

「八つのほこり」と「元のぢば」

　「元初まりの話」のもう一つの柱は、「人間の本性」について述べた部分である。それによれば、「この世は天も地も親神の身体である。人間は神の懐に住まいしている。だから人間のすることに親神の知らないことはない。人間はみな神の子である。人間の体は神のかしものだからお互いに他人ということはない。みな兄弟なのだ」という。先述(三七ページ)のいわゆる「かし《貸》もの」「かり《借》もの」の理である。しかし、心一つは我がものとして自由に使うことが許されたので「人間の心には次第に『をしい《惜》、ほしい《欲》、にくい《憎》、かわい《可愛》、うらみ《恨》、はらだち《腹立》、よく《欲》、こうまん《高慢》』という『八つのほこり《埃》』が積もり、『うそ《嘘》とついしょう《追従》』がはび

こり、陽気ぐらし《（暮）》が出来なくなってしまった。人間の不時の災難や悪しき病はそうした心得違いがもたらすものだ。だから、その心得違いを真実さんげ《（懺悔）》して、人をたすける《（救）》心と入れ替えて神様に願えば、神様はきっとその心を受け取り、よろずのことをたすけてくれる」。

人間の悪や罪についてはいろいろな教説があるが、学問的にはこれを人間の「本性は善である」とする性善《せいぜん》説と、「本性は悪である」とする性悪《せいあく》説に分けることがある。そうした見方からすれば「ほこり」は払えばとれるとするみきの教えは性善説に近いものといえよう。しかし、そのような鋳型に流し込んでしまうと、信ずる宗教によって人間が異人種のように分かれているかのような錯覚に陥りかねない。信仰という立場を離れていえば、宗教が人間をつくってきたのではなく、人間が宗教をつくってきたのである。とすれば、一見異なってみえる宗教や教説のなかにも、人間が共通していだいている願いやものの見方が反映されていない訳はない。性善説とみえるもののなかに性悪説的な理解が絡んでいたり、性悪説とみえるもののなかに性善説的な理解が潜んでいたりするのが信仰というものの実際の姿なのである。つまり、下手な類型論はしばしばわれわれをあざむくことが多いということだ。

　そうした目でみきの人間観をとらえるなら、いうところの「ほこり」が、吹けば飛ぶというような楽観的なものでなかったことは明らかだ。いずれにせよ、江戸《えど》時代の民衆の不幸が、先述のように、目先の現世利益《げんせりやく》にとらわれて「大きな救い」を見失っていた点にあり、それを回復するにはなんらかの意味で人間の限界や弱点を直視することが不可欠であったとすれば、みきの神観とその人間観に基づく救済論は、まさにそのようなものとして立ちあらわれたのだ、という点をとりあえずおさえておきたい。

　三つ目の柱は、大和の庄屋敷のみきの屋敷が「元のぢば」であるという説である。「ぢば」というのは「地場」、すなわち特定の場所、地点をあらわす言葉だが、「元のぢば」というときには、先述の創造神話にある「人間宿し込み」の場所、「よろずたすけ」がそこを中心として営まれる根源的な場所を意味する。それがほかならぬみきの屋敷であるというのは、みきが親神の社として選ばれた因縁《いんねん》をも明らかにしているといえるし、みきが神の社に選ばれたことが、逆に、そこが「元のぢば」であることの論拠となっているのだ、ともいえよう。ちなみに

▼**ぢば定め**　このときみきはみずから屋敷の庭を歩き、足がとまって動かなくなった地点に印をつけ、そのあとこかんたちにも目隠しをして歩かせると、同じところで足がとまったので、そこが「かんろだい」（五六ページ解説欄）のぢばと定まった。

「ぢば定め」▲が行われ、その場所が特定されたのは、一八七五（明治八）年のことだった。

このように、それ自体想像の産物でしかない「元のぢば」の話が、実はここで起こったのだと特定されることによってある種のリアリティーを獲得し、当時の人びとに対する説得力を増したであろうことは、疑いない。しかし、現実と非現実の世界をつなげてみようとする想像力（それこそはユートピア思想の源泉）を失った現代社会にあって、信仰を共有しない人びとはもちろん、信仰をもっている人にとってさえ、当時の人たちと同じ素朴さでそれを受け入れることができるかどうかといえば、それはかなりむずかしいのではなかろうか。

「元のぢば」の話の内容的な普遍性と、「ここだ」という話の排他的な個別性とは、もともとあいいれない性質のものであり、一方を強調すれば他方の特性を損なうというディレンマは初めから内包されていたものである。それだけに、その教勢が世界の各地におよんでいる今日、「ぢば」はここだという話の排他的な性格をみなおし、「人間宿し込み」の話とより強い必然性で結ばれていく、あらたな「ぢば」の論理の構築が模索されてもいい時期にきているのではなかろうか。これはもとより私の個人的な感想である。なお、みきが「元のぢば」をさして「ひのもとのしょやしき」《（日の本の庄屋敷）》というとき、それはみきのナショナルな心情と共振していたとみられるフシがある。それも今述べたこととの関連で気になることの一つだが、この点についてはあとで改めて取り上げる。

いずれにせよ、教祖のいったことをすべて金科《きんか》玉条《ぎょくじょう》とするのではなく、「世界」のあり方が激しく変化していくなかで、まさに教祖的な観点から、その解釈をたえずみなおし、きたえなおしていくしなやかさは、今やどの教団にも求められているのではなかろうか。ただし、「元のぢば」の話についていえば、それでもなお私たちにとってはすてがたい部分がある。たとえば、救いを求めてやってきた人を「ぢば」に迎えるとき、みきは「おかえり」といっている。今日でも、本部に参拝することを「親里参り」「おぢば帰り」といい、参拝する人びとは「お帰りなさい」といって迎えられる。つまり、ここが私たちの本当の魂の故郷なのだ、ということであろう。自分の生地への帰属意識が日々に薄れつつある今日、ほかにもう一つ「人類の故郷」「魂の故郷」「真の故郷」をもつことが、教義の理屈とは別に、人びとにあたえるであろう心の安らぎまでを、私たちは否定する必要はない。だからこそ、大胆にいってしまえば、「ぢば」を否定するのではなく、地球全体が「ぢば」だというような考え方、感じ方が、今こそ求められているのではないだろうか。

歌と踊りと――「みかぐらうた」

一八六六（慶応《けいおう》二）年、教祖は「あしき《（悪）》をはらう《（祓）》てたすけ《（救）》たまへ　てんり《（天理》おう《王》のみこと《命）》」（「みかぐらうた」第一節）という歌をつくり、それを舞うための振付け（手振り）を人びとに教えた。これが嚆矢《こうし》となって、翌年には一から十までの数え歌一二編からなる「十二下《くだ》り」の歌（同第五節）が完成し、一八七〇（明治三）年には「ちよとはなし《（話）》」（同第二節）と「よろづよ《（万世）》八首」（同第四節）と呼ばれる歌ができ、七五（同八）年には「あしきをはろうてたすけせき《（急）》こむ《（込）》　いちれつ《（一列）》すま《（澄）》してかんろだい《（甘露台）》▲」（同第三節）という歌がつくられ、それぞれの節付け・振付けや楽器（鳴り物）による伴奏もできあがって、ここに天理教独自の「つとめ《（勤）》」の体系が完成する。天理教で「みかぐらうた」と呼んでいるのは、このうち、とくに、手振りをともなわない地歌《じうた》の部分（あるいは歌詞の部分）をさしている。

▼かんろだい　「かんろ」とは、天理教では天からあたえられた寿命薬＝じきもつ（食物）のこと。その恵みを受ける台がかんろだいで、ぢばの真上に設置されている。かぐらづとめはこれを囲んで行われる。みきは初め飯降伊蔵にその模型をつくらせ、一八八一（明治十四）年から石の切りだしを始めたが、翌年二段目までできたところで奈良警察の警官に没収された。その後、一九三四（昭和九）年に木製一三段のかんろだいがすえられた。

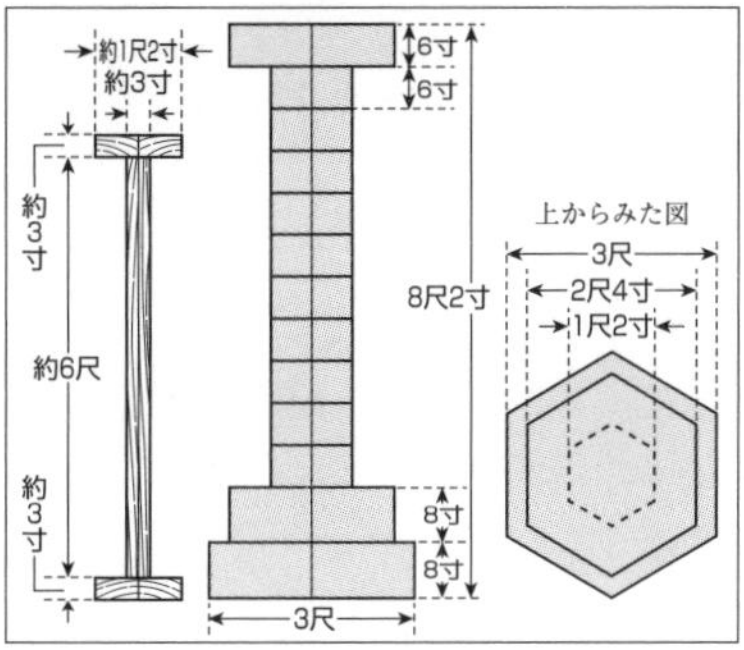

かんろだいの模型図（『ひながた紀行』による）　左は一八七三（明治六）年につくられた木製の模型の図。

したがって、これを教理書の一種とみなし、読んで学ぶものとして扱うことも十分に可能なのだが、本来はつとめのためにつくられたものであり、その意味ではうたうことと舞うこととは一体不可分のものとみなければならない。この歌詞と節および手振りとの関係についていうと、手振りには「合掌の手」「こころ《心》の手」「なげ《投》の手」「ふり《振》の手」「いさみ《勇》の手」「たすけの手」「あしき」や「やまい《病》」をあらわす手などといったいくつもの型があって、それぞれの歌には一応その歌詞を考慮した振付けがほどこされていると考えてよい。また第一節の歌には親神に帰依する者の基本的な立場が、第二節には神慮によってこの世と人間（夫婦）がつくられてきた謂れが、第三節には人びとがみな心を入れかえて「かんろだい」にこめられた陽気ぐらしの理想が早く実現するようにとの願いが、……といった具合に、各節には「たすけ」にかかわるいくつかの基本的なテーマが提示されている訳だが、メロディーや振りをつける際にも、そうした言葉や思想や意味をある程度表象するようなものにしようとの配慮があったものと思われる。しかし、信仰というものが言葉だけで体得したり表現しつくすことができるものではないとしたら、言葉によらない、あるいは言葉だけに頼らない信仰の重要な「道具立て」の一つとしてみきが着目したのが、民俗信仰と民俗芸能の奥深い伝統に支えられた「かぐら《(神楽)》」の様式だったのではなかろうか。そしてそこにこそ、みきの宗教における大きな特徴の一つがあるといってもよいだろう。

と、ここまでは私にもある程度推測でいえるのだが、重要なのは、実際にこれを歌として踊りとして演ずることが、信仰する人たちにどういう働きをもたらすのかという点であろう。この点になると、私には自信をもっていえることがない。ただ、信仰を共有しないということは致し方ないにしても、見様見真似でなら踊ることもうたうこともできなくはない。それで少しでも信者の人たちの、つまりはそれをとおして教祖の心境に近づけたら、と考えて、私は天理を訪れた際、教会本部の神殿での早朝のおつとめに参加してみた。しかし、それはまことに浅はかな考えであった。歌も踊りも、訓練してこそ身につくものであって、一度や二度の付合いでなにかがわかるというものではないことを、そのとき嫌というほど思い知らされたからである。その後、自宅の隣町にある天理教の分教会に足を運んで、入社祭《にゅうしゃさい》という祭典のおつとめを間近にみる機会があり、教会長さん夫妻や信者さんの話もうかがえて、かなり識見を深めることができたが、まだ自分の言葉としてそれを伝える自信はない。

そこで、ここではせめて、教祖をはじめ、天理教と関わりの深い人びとが「おつとめ」について語っているもののいくつかを紹介し、読者の参考に供したいと思う。

○このつとめなん《（何）》の事やとおも《（思）》ている　よろづ《（万）》たすけのもよう《（模様）》ばかりを

（「おふでさき」）

○教祖様は「おふでさき」のうち、最初より「つとめ」をせき込んでいられます。そして、この「つとめ」は「陽気づとめ」「かんろ台づとめ」および「かぐらづとめ」等呼んでおられますが、これによってはじめて「よろづたすけ」がなされるのだという事をお説きになっています。

（中山正善『ひとことはなし　その二』）

○こうして単に頭でわかるというだけではなく、神意を日々の祈りの生活のなかで、からだ全体で感じ取っていくことができるのである。まさに、おつとめの地歌でもある「みかぐらうた」の教示は、すぐれて生命的な教導であるといえよう。……教祖が十二下りの歌と手振りを教えられた慶応《けいおう》三年の夏ごろから、世間では、「ええじゃないか」▲の踊りと、世直し運動▲の波が高まっていった。おつとめの教示に、このような当時の社会的背景とのかかわりも考えられないこともない。……おつとめは、たすけづとめであり、単なるたすかりづとめではない。たすかりだけを願うというそれまでの拝み信心から、人々が真実の信仰を求めはじめた時、それがこの時期であったともいえる。

（天理教道友社編『ひながた紀行』）

○「つとめ」という歌と踊りによる身体のリズムを共有し合うことによって、人は他者と共鳴しあい、その間に人間としての連帯感が芽生えることは古くより私たちの経験していることである。しかし、教祖の教える「つとめ」の真骨頂は、……人と人との共振関係だけではなく、人と神との共振関係ひいては人と自然の共振関係にも影響を与えることを教えているところにある。

（池田士郎『中山みきの足跡と群像』）

○（「みかぐらうた」が）地歌であるということは、何よりそれが、「踊り」を生み出す原動力であるということを意味しています。……誤解を恐れず言

▼ええじゃないか　江戸幕府が倒壊した一八六七（慶応三）年の秋から冬にかけて、江戸以西の東海から中国地方にかけて起こった民衆運動。人びとが口々に「ええじゃないか」と唱えて練り歩き、変革期における刹那《せつな》的な解放感と新しい時代への期待をないまぜにした特異な光景を繰り広げた。カバー裏の錦絵は、そのようすを伝えたものである。

▼世直し運動　幕末維新期に「世直し」を標榜して展開された民衆運動。世直し一揆に代表される。世直し一揆は、世直しを謳うだけでなく、貧農・小作人層が中心となり、地主や高利貸しに質地の返還や負債の猶予を迫り、商人資本の特権の排除を求め、打ちこわしをともなう点に特色があった。教祖の「みかぐらうた」にも「よなおり」の言葉がでてくる。

うなら、ここではあくまで「動き」が主であって、「うた」というのはそれを実現するための道筋だと言ってよい。……教祖は、「うたの理でせめる」ということを仰っています。……それは一体何なのか。……ひとつにそれは、通常の言葉のように「解釈」されるべき何かとしてあるのではない……「言葉」で説得してある人間の生き方を導いてゆくのではなく、「うた」によって、一定の体の動きを導き出してゆく。……「動き」のひとつひとつは、言葉で言われた「内容」を、別の表現におき換え翻訳したものではないはずです。……「みかぐらうた」の言葉の並び方というのは、「教義」といった論理の世界から随分かけ離れているように感じられるのです。「解釈」という営みは、……表現そのものを廃棄してしまうことにも繋がりかねない危険をいつもはらんでいます。……ところが身体を動かすという行為、「お手振り」というのは、むしろ、何かを表わす「手段」というよりは、それ自体「目的」であると言ってもよい。……極々結論的に言って、「踊る」ということは、そのまま「生きる」ということと同義です。

（小林正佳「『鏡像』としての舞踊、『うつし』としての存在」）

「つとめ」に関しては、教祖を除けばまさに人の頭数だけの見方があるといってよい。ということは、そのぶん「つとめ」の歌や踊りには、自由に自分のイメージをふくらませ、主体的に自分の信仰をはぐくんでいく可能性が孕《はら》まれている、ということでもあろう。その点で、「教義」というもののなかには人間に対してなにがしか抑圧的に働く要素があるということは否定できない。もちろん、教義のない天理教などというものは考えられないわけだが、小林正佳の指摘は、そうした常識論にあえてくさびを打ち込んだものとして興味深い。これを教祖に即していえば、人間の体は「自由自在《じゆうようじざい》」なる親神から貸しあたえられたものという考え方は示唆的である。

なお、つとめに関連した出来事として、一八七五年、教祖の屋敷内で「ぢば定め」が行われて「おぢば」が確定し、八一(明治十四)年には、「かんろだい」の石《いし》普請《ぶしん》が始まって、ともに「かぐらつとめ」のための舞台装置が整備されていったことも付け加えておく。

「たいしゃ高山とりはらい」――「義なる神」の怒り

みきは慶応年間(一八六五~六八)に始まる「みかぐらうた」の作歌《さっか》に続いて、一八六九(明治二)年から八二(同十五)年ごろまでの一四年間に一七冊、一七一一首におよぶ「おふでさき」を執筆した。『逸話篇』によれば、神様が「筆を執れ」といわれたので、筆をもつと手がひとりでに動いたのだという。「みかぐらうた」と同様、口調は和歌体だが、「みかぐらうた」が「おてふり《手振》」というパフォーマンスをとおしてみきの教え、というよりはその「ひながた」としての生き方を再現し、体感するところに主眼があったとすれば、口で諭したことは忘れやすいので、肝心のことを書いて残そうとしたのが「おふでさき」執筆の動機だったといわれている。内容は広範多岐にわたっているが、具体的な事象にふれながら一定の筋立てにそって教えの要点が網羅されており、原典としてはもっとも重要なものとみてよいだろう。しかし、みきの教えの骨子についてはすでに「元初まりの話」のところで紹介済みなので、ここでは「元初まりの話」や「みかぐらうた」にはなくて、「おふでさき」だけにあり、しかもみきの宗教思想の特色を考えるうえで重要と思われる点についてのみ簡単にふれておきたい。

ここで取り上げるのは、いずれもみきが、彼女の生きた時代と切り結んだあとをしのばせるものだが、その一つは、いわゆる「たいしゃ高山《たかやま》」に対する怒りをこめた痛烈な批判である。「たいしゃ」というのは「大社」つまりは権勢を誇り、大衆に寄生して金品を貪る大きな神社や寺院のことであり、高山とは社会を支配している権力者のことである。高山という言葉は、社会の底辺に生きる人びとをあらわす「谷底《たにぞこ》」という言葉に対置して用いられることが多い。このほか高山に近いものとして「上《かみ》」という言葉が使われることもあるが、この場合は「お上」、つまりは政府や警察などの公権力をイメージしているとみてよいだろう。なにはともあれ、つぎにそのいくつかを例示してみよう。なお元歌の「おふでさき」は独特の仮名遣いなので、読者が読みやすいように手を加えた。

いままでは高い山やとはびかりて《（蔓延）》　なにかよろづ《（万）》をままにしたれど
このかやし《（返報）》たいしゃ高山とり《（取）》はらい《（払）》　みな一れつ《（列）》はしょち《（承知）》していよ
上たるはせかいぢう《（世界中）》をままにする　神のざんねん《（残念）》これをしらん《（知）》か

神の怒りがみきに乗り移ったというべきか、みきの怒りが神に乗り移ったというべきか、いずれにせよ人間を神の子として慈しむ親神のイメージからは想像もつかない激しい憤りの言葉に、私たちは圧倒される。

こうした「たいしゃ高山」批判の歌は、私が目算しただけでもざっと三四首におよび、時期的には一八七四（明治七）年以降の官憲や守旧的な宗教勢力によるみきたちへの弾圧が繰り返された期間に重なる。とくに二番目の歌は「このところたすけ《（救）》一ぢょ《（条）》とめ《（止）》られて、なんでもかやしせずにいられん」という歌に続くもので、内容からみると、七三ページの表にある明治七年十二月の事件▲に対する抗議を意図したものにちがいない。その意味では民衆への抑圧に対する直接的な抗議というより、結果は同じだろうが、しいたげられた民衆を神の力でたすけようとする行為が阻止されたことに対する糾弾なのである。宗教が社会性を獲得しラディカルなものに転化していく契機の一つがそこにある。

ここで、とくに注目したいのは、このような怒る神、裁く神の基本的な性格だが、民衆の宗教的な伝統のなかには、不動明王《ふどうみょうおう》や閻魔大王《えんまだいおう》や金神《こんじん》のように、怒りや裁きや祟《たた》りの機能をもったものは少なくない。しかし、それらの神々とみきの「怒る神」とを分けるものがあるとしたら、それはみきの神が、その恐怖によってではなく、「正義」によって人びとをひれ伏せさせる「義なる神」だった

▼明治七年十二月の事件　奈良県庁の社寺係が添上郡《そえかみ》帯解村《おびとけ》（現、奈良市）にある伏見宮家《ふしみのみやけ》縁《ゆかり》の圓照《えんしょう》寺《じ》（通称山村御殿《やまむらごてん》）に教祖を呼びだし、教義などについて取り調べ、翌々日奈良の中教院《ちゅうきょういん》から天理王という神はないなどの理由で信仰の差止めが申し渡され、神具が没収された事件。

教祖が呼びだされた山村御殿（奈良市）

という点であろう。その点では、みきより少し遅れて登場する大本教《おおもときょう》の開祖出《で》口《ぐち》なおの「艮《うしとら》の金神」にも同じ性格をみることができる。「義なる神」というとらえ方は、日本の宗教的な伝統のなかでは非主流的《マイナー》なものといえるが、それだけに、幕末《ばくまつ》から近代にかけての民衆宗教のなかにそうした性格の神が登場してきたことは、注目に値する。

なお、みきは「おふでさき」の別のところで「しかときけ《（聞）》高山にても谷底も見れば月日（神）の子供ばかりや」と述べている。高山も谷底も神の子としてともに救われなければならないというのが彼女の基本的な立場であり、高山批判によってもそれはけっしてゆらぐことがなかった。だからこそみきは、後述のように、官憲からの弾圧を高山への「にをいがけ」の絶好のチャンスととらえて、これに力をそそぐことになるのである。

「おふでさき」のなかで、もう一つみきの神の「立腹」の大きな対象となったのは、「とうじん」や「から」と呼ばれているものである。これも、まずは実例をいくつか紹介しておこう。

とうじん《（唐人）》が日本のぢい《（地）》に入りこんで　ままにするのが神のりいふく《（立腹）》

高山のしん《（真）》のはしら《（柱）》はとうじんや　これが大一神のりいふく
このさき《（先）》はなんぼから《（唐）》やとゆう《（言）》たとて　にほん《（日本）》がまけ《（負）》るためし《（例）》ないそや

こうした「とうじん」や「から」に対する批判の歌は、ざっとみて三〇首近くにおよぶ。これについて『おふでさき註釋』では、次のように説明されている。「にほんとは、……まずこの教えをお説き下さるところ、世界救けの親里のあるところをいい、からとは、創造期に人間が渡って行ったところ、従ってこの度この教えの次に普及さるべきところをいう。従って……とうじんとは、つづいて生み下ろされた者、従ってこの度次にこの教えを聞かして頂く者、まだ親神様の教えを知らない者をいう」。歴史的な真実を追究する立場からいえば、この説明には無理がある。当時の時代状況のなかでとらえるなら、唐《とう》はもともと中国をさす言葉だが、この場合はまぎれもなく西洋列強を意味し、唐人が欧米人をさしていることは疑いない。当然のことながら、みきも、幕末以来の攘《じょう》夷《い》思想の影響下にあったということだ。その意味では彼女もまた「時代の子」だったのである。

ここで「時代の子」というのは、必ずしもみきの限界を指摘するためではない。

なぜなら、みきはそれだけ時代にコミットしていたのだ、ともいえるからである。しかも、ここで重要なのは、時の維新《いしん》政府が、表面上は「攘夷」を棄てて、欧米をモデルとする「文明開化」に邁進していたことである。二番目の歌で彼女が「高山のしん《(真)》のはしら《(柱)》はとうじんや」というとき、実はその批判が高山自身に向けられたものであることがみえてくる。つまり、当時の限られた情報のなかで、欧米人に対するイメージがゆがんでいたとしても、それは彼女の非ではない。むしろ、「高山」がめざす文明開化が人びとの犠牲を強いている現実への異議申立てにこそ、彼女の真意があったとみられるからである。彼女より少し遅れて登場する丸山教《まるやまきょう》▲の伊藤六郎兵衛《いとうろくろうべえ》や大本教の出口なおもまったく同趣旨のことをいっている。彼ら彼女らの同時代に向けられたこのような鋭い批判は、まさに宗教人ならではのものであったといえよう。

しかし、そのことを認めたうえで、われわれはこうした彼女の萌芽的なナショナリズムが、一方における「世界一れつ」の平等思想とあいいれない性質のものであることもみのがすべきではない。みきのナショナリズムは、みずからの「一れつ」思想自身によって、やがて乗り越えられるはずのものであったと考え

▼**丸山教**　一八七〇（明治三）年、富士信仰丸山講の先達《せんだつ》伊藤六郎兵衛によって創始された民衆宗教の一つ。その教えには、親神の至高性、人間を神の子とみる思想、心の重視など、ほかの民衆宗教と共通するものが多いが、とくに、「文明は人倒し」という文明開化政策への激しい批判に特色がある。

たい。

もう一つは、親神とほかの神名をもつ神々との関係についてである。先述のように「おふでさき」のなかには親神のほか「月日」「をや」その他の神名をもつさまざまな神々が登場する。まず「月日」「をや」はほぼ親神と同義とみてよいが、ほかにも「いざなぎ」「いざなみ」など十柱の神々▲がでてくる。これについて『改訂 天理教事典』のなかでは、次のように説明されている。「これ（十柱の神）はあくまで神名であって、必ずしも一〇神の実在を示唆したものではない。すなわち……親神天理王命の全能の働き、すべてをあらしめて余すところない守護を分析的に一〇種の原理的な相をもって明示し、それぞれに神名を配して説明したものである」。つまり、親神は「唯一の神」にちがいないが、その十全の機能を人びとにわかりやすく説明するために、一〇の神名をつけてそれぞれ書き分けたものだ、というのである。私も、この見方は妥当なものと思う。

このことをここでとくに指摘したのは、これも学問の世界で、さまざまな宗教を「一神《いっしん》教」「多神《たしん》教」という鋳型に流し込んで、それぞれあいいれないもののようにいうことがあるからだが、見方によってそのいずれともいえる天理教の

▼**十柱の神々**　『改訂 天理教事典』の「神名」の項では、その大半が『記紀』神話記載のものである理由の一つに、国家権力の許可をえるためだった点をあげているが、そのなかには仏教系の民俗神も含まれており、『記紀』神話の神々も民俗化したものだとすれば、必ずしも妥協の産物と考える必要はない。そうでなかったら「復元」の対象となったであろう。

ケースは、そうした議論がいかに不毛のものであるかをよく示しているといえよう。ただし、ここで敢えて私見を挟むとすれば、われわれがもしいうところの「大きな救い」をえようとするなら、それはやはり、一つの大いなる神格への帰依《きえ》と不可分のものだろう、ということである。そして、そのことも、みきの神観が示唆している重要な事柄の一つなのではなかろうか。

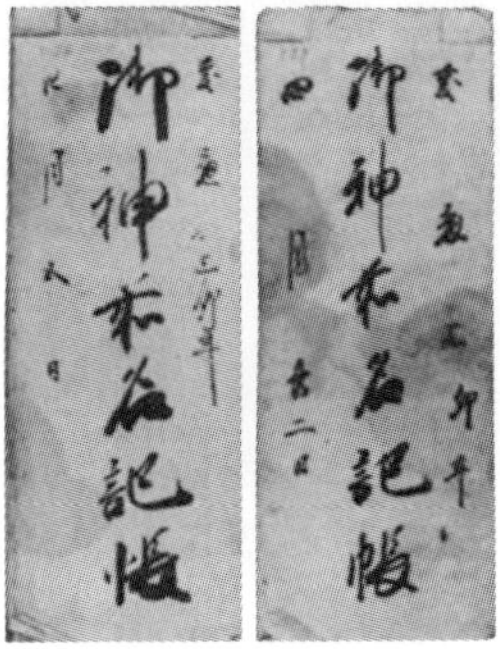
「御神前名記帳」

③──不屈の戦い

弾圧に抗して──「高山へのにをいがけ」

以上、みきの教えの概略について述べてきたが、ここからはまた時計の針を少し戻して、幕末《ばくまつ》期以降の天理教《てんりきょう》の歩みと、そこでのみきの足跡をたどっていくことにする。

みきが明治維新《いしん》をどのようにみていたかについては定かではないが、「陽気ぐ《（暮）》らし」を絵空事ではなく、いまのこの世に実現したいと願うみきにして、庶民の暮しにかかわる政治や社会の変化に無頓着《むとんちゃく》であったとは考えられない。ただ、「世界一《いち》れつ《（列）》」の救済にとって、人間一人ひとりの心の入替えこそが急務だと考えるみきは、世の風がどこに向かって吹いていようと、ひたすら「にをいがけ」に専念することをみずからに課していたのだと思われる。そして、その成果は着実にあらわれようとしていた。

立教《りっきょう》以来三〇年間ほどについては、信者数の推移などを知る手立てはないが、幸い一八六七（慶応《けいおう》三）年に書かれた「御神前名記帳《ごしんぜんめいきちょう》」と題する史料が今に残されていて、そこからわずかにそのころの教勢の一端をうかがうことができる。これは同年四月から五月にかけての三六日間の参拝者のデータを記したもので、それによると参拝者は延べ二一七五人、一日平均六〇余人、地域は大半が大和《やまと》地方だが、ほかには大阪・京都・徳島からの参拝者もあった。そして、外部からの抑圧や干渉がないかぎり、みきの宗教は、当分のあいだ伸びやかな発展が約束されていたといえよう。

しかし、次ページの表にみるように、幕末以来鳴りを潜めていた外部からの抑圧が、一八七四(明治七)年ごろからふたたび活発化し、とくに警察権力からの執拗な圧迫によって、布教活動はさまざまな制約を受けることになる。これは、維新政府の宗教政策が神道国教化《しんとうこっきょうか》から神仏共同による国民教化へとめまぐるしく変転するなかで、暫時放置されていた民衆の宗教活動にようやく規制がかかってくる時期と一致している。すなわち、一八七三(明治六)年、「梓巫《あずさみこ》市子《いちこ》憑祈禱《よりきとう》狐下ケ《きつねさ》等の所業禁止」の教部省《きょうぶしょう》▲達《たっし》がだされたのを皮切りに、翌年には「禁厭《きんよう》祈禱をもって医薬等を妨ぐる者取締の件」が達せられているが、みきの宗教はそれらと同等のものとみなされたのである。

▼**教部省**　明治維新以後神祇官《じんぎかん》が展開してきた神道国教化政策のいきすぎを是正するため、一八七一(明治四)年、神祇官を神祇省に格下げし、さらに、大教《だいきょう》宣布の趣旨に則って神道と仏教その他の宗教も巻き込んだ大々的な国民教化を実施する官衙《かんが》として翌年設置されたのが教部省。その後、神道側と仏教側の反目から教化運動がゆきづまり、一八七七(明治十)年その事務は内務省に引き継がれた。

官憲などによる教祖とその周辺への抑圧・干渉

年　月　日	内　　容
1864(元治元).	並松村医師某，奈良金剛院の山伏をつれて論難に来る。
〃　10.27	大和神社の前で信者らが鳴り物入りで神名を唱え，神社のとがめを受けて留置される(大和神社事件)。
1866(慶応2).秋ごろ	小泉村不動院の山伏，論難に来て乱暴。代官所に取締りを求める。
1874(明治7).10.	教祖の命を受け信者らが大和神社に出かけて神祇問答。これを受けて石上神宮の神職，論難にくる。数日後，丹波市分署の警官きて神具没収，村惣代にあずける。
〃　12.23	教祖，奈良県庁から呼出しを受け山村御殿で社寺係の取調べを受ける。
〃　12.25	奈良中教院，教祖に同伴した信徒3人を呼び出し信仰の中止を求め，神具など没収。
1875(　8).9.	奈良警察署，おもな信者を召喚し信仰差止めの誓約書に署名させる。
〃　9.24	奈良県庁，教祖と秀司を召喚。後日，教祖に科料。
1877(　10).5.14	丹波市村事務所より出張，神具に封印。
〃　5.21	奈良警察署より秀司に召喚状。40日間拘留のうえ罰金。
1880(　13).	秀司と信者の1人，丹波市分署に留置される。
1881(　14).6.	巡査来り，秀司の妻まつゑと教祖に尋問。
〃　9.17	止宿届不備を理由に信者の1人を留置，手続き書をとられ科料。
〃　10.7	人を集めたかどにより教祖・まつゑ・信者を拘引，科料。
1882(　15).2.	教祖ほか信者らを奈良警察署に召喚，科料。
〃　5.12	奈良警察署，建設途中の「かんろだい」の石と教祖の衣類など没収。
〃　10.27	奈良警察署，神仏混淆のかどで寝具類没収。
〃　10.28	奈良警察署，教祖と信者らを召喚し，教祖を12日間，他を10日間拘留。
〃　11.8	丹波市分署，飯降伊蔵を呼び出し10日間の拘留。
1883(　16).3.24	丹波市分署，初代真柱眞之亮を呼び出し一夜留置。
〃　6.1	参拝者多数のため整理を依頼した巡査，泥酔し乱暴。
〃　8.15	村人の求めで雨乞い勤めをし，参加した信者と教祖，長女おまさらを丹波市分署に連行，教祖1晩の留置と科料。
〃　10.16	巡査，教祖を引致し，屏風・毛布を封印して戸長にあずける。
1884(　17).3.24	教祖を丹波市分署に拘引し，奈良監獄所に12日間拘留。4月・5月・6月のおつとめ日の前後の3日間も教祖を警察に留置。
〃　8.18	教祖を丹波市分署に拘引し，奈良監獄に12日間拘留。
1885(　18).6.20	岩室村金蔵寺住職ら，お屋敷の門を破って乱入。
1886(　19).2.18	心勇講の信者ら，お屋敷近くの旅館で「てをどり」をつとめ，巡査に解散を命じられる。教祖・眞之亮ら櫟本分署に引致され，教祖は12日間，信者2人は10日間拘留される(「最後の御苦労」)。
〃　5.28	神道本局より調査のため来訪，教祖より話を聞く。このとき眞之亮ら連名で5カ条の「請書」を提出。

『改訂　天理教事典』巻末年表および『ひながた紀行』287頁の表をもとに作成。1873(明治6)年以降は太陽暦による。

一八七三年から八六(明治十九)年までの一三年間の取締り件数は二八件、このうち教祖が拘留《こうりゅう》されたのは一二回、そのうちの三回は一二日間の長きにおよんでいる。とくに最後のそれは厳寒の季節であり、八九歳という年齢を考えると、まさに狂気の沙汰といわなければならない。一体そこまでみきとその宗教を危険視し、執拗に弾圧を加えなければならなかった理由はなんだったのか。

このなかには理由も告げずに拘引《こういん》したり、ただの難癖であったりすることがあるので、本当の意図を正確にとらえることはできないが、おおよそのところは次の二点にまとめることができる。一つはいわゆる「文明開化《ぶんめいかいか》」政策に連動した「淫祀邪教《いんしじゃきょう》」観である。省達にある「祈禱をもって医薬等を妨ぐる」行為などというのはまさにそれであって、「をびや許し」や「病気治し」で評判をえていたみきの宗教はその格好のターゲットだったのだといえよう。また、一八八三(明治十六)年八月の雨乞い事件などもこれにふれたものと思われる。ちなみにこの雨乞いは村方《むらかた》の要請によるもので、結果、本当に雨がふってしまったのが仇《あだ》になったらしい。もう一つは、天皇中心の国家神道▲教義を推進する立場から、みきの宗教のなかにそれとあいいれないものを嗅ぎとったことである。これに

▼**国家神道**　近代天皇制国家が、天皇中心主義の国体論を国民に浸透させるため、皇室神道と神社神道を結合し、これを国家祭祀《さいし》として宗教と切り離し、神社に法的な特権をあたえて管理し、国体論による国民教導の役割をおわせたもの。

▼中山眞之亮　一八六六～一九一四。初代真柱。櫟本村梶本惣治郎と教祖の三女はるの三男として生まれ、一五歳のとき中山家の人となる。のち秀司とまつゑの子で従妹のたまへと結婚、秀司の没後一七歳で中山家の家督を相続。教祖へのたび重なる官憲の取締りに苦慮し、教祖の没後は教団体制の確立、別派独立に貢献した。

一八八八(明治二十一)**年、二三歳の中山眞之亮**

ついては一八八六年五月の取調べの際、眞之亮《しんのすけ》▲らが本局に提出した五カ条の請書が、そのことを如実にものがたっている。

それによると、「一、奉教主神《ほうきょうしゅしん》は神道教規に依るべき事」、つまり「天理王《おうの》命《みこと》」などというあやしげなものはまかりならぬ、ということ、「一、創世の説は『記紀』の二典に依るべき事」、つまり「元初《もとはじ》まりの話」などという似て非なるものは許さないということ、「一、人は万物《ばんぶつ》の霊たり魚介の魂と混同すべからざる事」、つまり「うおとみ」などというのはもってのほかということ、「一、神命に托して医薬を妨ぐべからざる事」、これはさきの邪教観にかかわる部分だが、初めの三つは明らかに国家神道説を振りかざしたものにほかならない。また、一八八四(明治十七)年三月、みきが一二日間の拘留をおえて監獄からでてきたとき、迎えにきた信者らが彼女をおがむのをみて、抜刀した巡査が「人をもって神とするは警察の許さぬところ」と叫んで制止して回ったという。天皇のみを現人神《あらひとがみ》とする国家権力の立場からすれば、それこそが真の目的だったのかもしれない。若い読者のなかには信じがたく思う人もいるだろうが、これが今から一二〇年余り前の「近代国家日本」の実像だったのである。

こうした執拗な妨害に対して、弟子たちの多くはみきの身を案じ、教団の将来に言い知れぬ不安をいだいたにちがいない。しかし、みきはいささかも動ずることなく、かえって拘引されるごとに、これを高山への「にをいがけ」の好機ととらえ、「神が引き寄せているのだ」といって、いそいそとでかけていったといわれる。

布教公認・教会設立運動とみき——えるものと失うものと

ところで、国家権力による弾圧は、教勢拡大の証でもあるのだが、そうした事情の如何《いかん》にかかわらず、あらたな宗教が発展していく過程では、当然その集団の組織化がはかられていくことになる。とりわけ幕末から近代にかけて成立した民衆宗教の場合、結果的にはいずれも中央集権的なピラミッド型の教団形成に向かっていく訳だが、それは必ずしも教祖がイメージしていたものではなく、弟子たちが布教の公認をはかるために国家の意をくんで受け入れていくケースが少なくなかった。天理教の場合もまさにそれに相当する。ここではそのことによってえたものと失ったものはなにであったのかを考えてみよう。

▼吉田家　唯一《ゆいいつ》神道（卜部《うらべ》神道）の宗家《そうけ》。京都吉田神社の祠官《しかん》。室町《むろまち》中期より神祇伯《じんぎはく》（神祇官の長官）に対抗し勢力を拡大、しだいに全国の神社・神職を支配下におき幕末まで神社界に君臨してきた。「神社管領《かんれい》」とも称したが、これはみずからの権威を誇示した自称。

まず、幕末段階で、すでに山伏《やまぶし》らからの攻撃を受けていたことは先述のとおりだが、これに対処するため、一八六七（慶応三）年、このころからみきの信仰集団の運営面にかかわっていた秀司《しゅうじ》が、幕府《ばくふ》から神職《しんしょく》を支配する特権をあたえられていた京都の吉田家《よしだけ》▲に出願し、その公認をえている。このときみきは「吉田家も偉いようなれども、一の枝の如《ごと》きものや、枯れる時もある」といったというが、それからまもなく大政奉還《たいせいほうかん》、王政復古《おうせいふっこ》となって幕府が崩壊し、折角《せっかく》の公認も反古《ほご》同然となった。そこで、周囲の人たちが改めて新政府に公認を願い出ようとしたが、教祖は「願いに行くなら行ってみよ、行きつかぬうちに息が尽きるで。そんな事願いに出るのやないで」（『教祖傳』）と諭したという。理由は述べていないが、自分たちの信心はお上《かみ》から許されてする信心と違うという思いがあったのであろう。

その後、維新政府の宗教政策が変転し、大衆の宗教活動への干渉が弱まった時期には、公認の話も一時沙汰やみとなったが、先述のように一八七四（明治七）年ごろからみきの信仰集団への干渉・抑圧が開始されるや、秀司らはふたたびその対応を迫られることになる。その手始めに、信者の参拝そのものが差し止められる状況を突破するため、参拝をカモフラージュする便法として堺県《さかい》に蒸風呂と宿屋の営業許可を願い出た。これに対してもみきは「親神《おやがみ》が途中で退く」と厳しく制止したが、手も足もでない状態から脱却するため、秀司は敢えて出願の手続きをとり、許可をえた。

ここで、そのころのみきの信仰集団の組織形態についてふれておくと、まず、一八六三(文久《ぶんきゅう》三)年ごろ、みきは「講《こう》を結べ」といったとされているが、六七年の「みかぐらうた」五下り目のなかでも「どうでもしんじん(信心)するならば、かう(講)をむすぼ(結)やないかいな」とうたっている。事実、さきに紹介した一八六七年の「御神前名記帳」には「矢部《やべ》村講中《こうちゅう》」の名がみられるが、ほかにも参拝者の多い村では講を結成することが少なくなかったのではあるまいか。ここでいう講とは、村落単位・部落単位で形成される寺社への参詣講、代参《だいさん》講的なものと考えられるが、当時のみきは、講員の平等、頭屋《とうや》＝世話役の輪番制、運営の自主性などを特徴とするこうした伝統的な「講」の形態を、信者集団のあり方としてふさわしいものと考えていたのであろう。そのころの講名は村落名をそのまま用いていたようだが、そこにもこの講の共同体的な性格が反映されている。

金剛山地福寺（五條市）

▼**金剛山地福寺**　地福寺はもと行者坊《ぎょうじゃぼう》と称し、金剛山麓（現、奈良県五條《ごじょう》市）にある修験《しゅげん》の寺だったが、明治維新の神仏判然令《はんぜんれい》により葛城《かつらぎ》神社を残して破却。一八七三（明治六）年高野山真言宗光台《こうやさんしんごんしゅうこうだい》院末寺《いんまつじ》となり、真言教会として県の認可を受けていた。

その後、一八七五（明治八）年ごろから「神楽講《かぐらこう》」「真心講《まごころこう》」など任意の名を付した講社があらわれてくるが、それは時の政府がキリスト教の伝播を怖れ、古来からの神仏の顕彰を勧めたため、伊勢《いせ》信仰や山岳信仰系の宗教であらたな講社が続々と結成され、その影響を受けたものと考えられている。みきのおぢばでも、一八七八（明治十一）年、遅まきながら秀司を講元とする「真明講《しんめいこう》」が結ばれているが、そのように時流に乗ってできた「講」の性格は、みきが思い描いていたものとはすでに異なっていたかもしれない。しかし、このころからの講社の発展にはめざましいものがあり、地域的にも近畿から西は中国・四国、東は東京あたりまで伸びていった。のちの直属大教会はほとんどこの講社を母体としたものという。

続いて一八八〇（明治十三）年になると、みきはいっそう激しくつとめを急《せ》き込むようになった。しかし、鳴り物入りのつとめをはばかる秀司らは修験道《しゅげんどう》系の金剛山地福寺《こんごうさんじふくじ》▲真言《しんごん》教会と交渉し、その傘下の転輪王《てんりんおう》講社となることで愁眉《しゅうび》を開こうとする。これに対してもみきは、「そんな事すれば親神は退く」ときつく戒めたが、秀司は「一命を賭して」交渉にあたり、首尾よく話をまとめた。秀司らの配慮につき『教祖傳』はひたすら「教祖の身の安全と人々の無事」をはかるためだった、としているが、秀司にはそれなりに「教えを守る」という大義名分《たいぎめいぶん》はなかったのであろうか。身を賭して守るべきは教祖の「命」かその「教え」かと問えば、みきなら即座に「教え」と答えたであろう。このままでは秀司は親思いではあれ、教えの意義を知らぬ凡庸な人物にすぎなかったことになる。はたしてそうかどうかについて、私自身は今少し疑問符をつけておきたい。というのは、教えあっての組織にちがいないが、組織あっての教えという側面もないとは言い切れないからである。

　いずれにせよ、それからまもなくおぢばでは転輪王講社の開筵式《かいえんしき》が行われ、門前で護摩《ごま》を焚き、僧侶を呼んで読経《どきょう》をさせた。それをながめていたみきの心中が思いやられる。ちなみに、秀司はこの間の心労も手伝ってか、翌年他界した。六一歳だった。みきは息を引きとった秀司の額を撫でながら「可愛相に、早く帰っておいで」と声をかけたという。なお、地福寺との関係はその後二年と数カ月で解消され、転輪王講社にも終止符が打たれた。また、同じ年、蒸風呂や宿屋の営業も廃止している。「親神が、むさくろしいてならんから取り払わした」とはそのときのみきの弁である。

その後、講社が簇生《そうせい》するなかで、官憲は個別の講社への圧力も強化していくが、そうした事態を受けて、今度は各講社のなかからも講社結収・教会設立の声が高まっていった。ここでは、個々の事例を述べている暇《いとま》はないが、結果だけをいえばこれらの願いはことごとく却下されている。なお、おぢばのほうで秀司の役割を引き継ぎ、この運動の中核を担ったのは、まだ二〇歳に満たない眞之亮だったが、みきは「真柱《しんばしら》」として期待するものがあっただけ、彼への不安を隠そうともしなかったようである。

そして一八八七(明治二十)年、教祖がなくなると、翌年、教祖一年祭の執行もそこそこに、眞之亮らは教会設立運動を再開し、ついに神道直轄天理教会の設立認可の悲願を果たす。さらに二一年後の一九〇八(明治四十一)年には、神道本局からも分かれて、教派《きょうは》神道としての最後の独立を勝ちとる訳だが、もちろんそのために払った代価は大きかった。認可の条件ともなった『明治教典』の制定は、国家の求める国体の教義への同化＝教祖独自の教えの犠牲のうえに成り立っていたからである。

その意味で、敗戦とほとんど同時に「復元」の運動が起こるのは当然だったといえるが、それも自力で勝ちとったというよりは、敗戦による大日本帝国の自壊がもたらしたものだということは、銘記しておかねばならない。ただ、だから秀司や眞之亮らは教祖に従っていればよかったのか、と問われれば、微妙なものがある。それを「人間思案」として裁くことは簡単だが、たとえば、「独立」という防壁のなかった大本教《おおもときょう》が、戦前期、二度にわたる大弾圧で壊滅状態に追い込まれたことを思えば、この問いに正解はない。私が秀司らの心の痛みに思いを馳せるのはそのためである。

しかし、その痛覚《つうかく》も、教祖という原点があればこそだとすれば、その教えがとにもかくにも「復元」までもちこたえられたのは何故か、という問いのほうが私には興味深い。これは私の仮説にすぎないのだが、それは、天理教が大教団になっても、講社が大教会になっても、「おふでさき」や「こふき」が禁止になっても、国家の眼の届かないところで、伝統的な講の性格が辛くも温存され、それが地下水脈となって、断片的ではあっても、教祖の教えを守り伝えてきたからではなかろうか。つまり、教祖の「かうをむすぼやないかいな」というのは、そこをみすえたものだったのではないか、と。

こかんの死——もう一つのひながた

一般に教祖伝と呼ばれるものを、とくに身構えることなく、自分の目線で読んでいくと、それがどんなに評価の高いものであっても、一カ所や二カ所は腑に落ちないところや納得のできないところがあるものだ。天理教の場合もその例にもれない。しかもそういうところに限って教祖理解にとっては欠かせない部分だったりするので、以下、私が『教祖傳』を読み、立ち止まって考えさせられたところをいくつか取りだして、読者の検討に委ねたい。

みきの場合、それはとくに身内の人とのあいだにみられるのだが、あれだけ「人間はみな神の子」だといい、一列は平等に救われなければならないと考えていた人にして、たまさかではあるのだが、これは「らしくない」と思われる言動に出会うことがある。

まずは秀司にかかわることだが、みきは一八六九(明治二)年の「おふでさき」の中で「このたびはやしき《(屋敷)》のそうじ《(掃除)》すきやかに(すっきりと)したててみせるこれをみてくれ」と述べている。これはどういうことかというと、秀司は最初の妻に去られてから少なくとも二人の女性と付合いがあり、この当時はおちゑという内縁の妻とその子音次郎《おとじろう》、および母親の異なるお秀《しゅう》という娘がみきの屋敷に同居していた。それはみきからみて「悪事」であり、秀司の足の病もそのせいだ、それを「のけん事には」（退）「ふしん」（普請）（＝神意の達成）の邪魔になるから、でていってもらう、というのである。そしてそれはただちに実行された。そればかりかみきはすぐさま近村の小東《こひがし》まつゑという女性を迎えて、秀司の正妻としていわば「あてがう」ことになる。合意も説得もあらばこその荒療治だった。

もちろんみきにはみきの考えがあったことであろう。たとえば、神様に仕える教祖の一家がこれでは信者の人びとに示しがつかないという配慮があったとしても、それはわからぬではない。しかし、それにしても、そうやってみすてられた人びとはどこに救いを求めればいいのだろうか。しかも、実家に帰ったおちゑはその後まもなく病死し、音次郎も不幸な生き方を強いられたという。『おふでさき註釋』には「もし人情にほだされて期日を遅らしていたら、屋敷の掃除は遂に行われる事を得なかったであろう」とある。屋敷の掃除のためには不幸な人間がでてもいいのだ、と読める。

ちなみに、お秀のほうも翌年一八歳の若さでなくなっているが、みきは彼女については因縁《いんねん》のある魂だから神がしっかりだきしめ早く「元のぢば」に返す、と予言し、やがて秀司とまつゑのあいだに生まれたたまへがその生まれ変わりであると告げている。いささかわかりにくい話である。この一連の出来事につき『ひながた紀行』は、「親神の構想」「その神意」を度外視しては、とても常識では理解できない事件であった、としているが、私はこの問題に関するかぎり、自分が常識人であることを恥じるつもりはない。

もう一つはこかんに関することである。みきの末娘こかんといえば、一七歳の娘盛りに、浪速《なにわ》の町にでかけて神名を唱えていた姿を思いだしていただけるであろうか(三三ページ参照)。兄や姉たちではなくこかんにその役を担わせたことからもわかるように、みきはやがて、その素直な性格を見込んで、たすけを求めてやってくる人びとと教祖のあいだを取り次ぐ役割をこかんに託するようになった。しかし、そのうちにこかんは、みきの人助けに殉ずる道と、一人の女性としてのささやかな幸せを求める道とのあいだで心が揺れ動くことにな

櫟本村梶本家

る。『教祖傳』にはその辺りの事情について次のように述べている。

魂のいんねん《（因縁）》により、親神は、こかんを、いついつ迄も元の屋敷に置いて、神一条の任に就かせようと思召されて居た。しかし、人間の目から見れば、一人の女性である。人々が、縁付くようにと勧めたのも、無理はなかった。こかんは、この理と情との間に悩んだ。

ここにはそれ以上のことは書かれていないが、もう少しその間の事情について説明しておくと、一八七二（明治五）年、近くの櫟本《いちのもと》村の梶本惣治郎《かじもとそうじろう》のもとに嫁いでいたみきの三女はるが、幼い子どもたちを残してなくなり、これをみかねたのであろうか、以来こかんが梶本家に手助けにいくようになった。そうなると、四〇近くの歳まで独り身のまま神づとめに献身してきたこかんが、不特定多数の人びとにではなく、自分を頼りにしてくれる義兄やその子どもたちにつくすことに、これまでとは違った家庭的な喜びをみいだしたとしても不思議ではない。

しかし、それはもちろんみきの望むところではなかった。その無念の思いは、「おふでさき」のなかでも吐露されている。みきの気持ちもわからぬではないが、

▼**出直し**　一般に死と呼ばれているものを天理教では「出直し」という。いわゆる死が生の終結を意味するのに対し、出直しは、生命を永遠のものと考え、この世でふたたび生命をえるための再出発の意味をもつ。人間の身体は親神から借りたものという「かしもの・かりもの」の理に基づく。

それを理解しつつも、あえて梶本の家にとどまることを選んだこかんの真情こそ、哀れというほかはない。そして、それに追打ちをかけるように、一八七五（明治八）年の夏ごろからこかんは病床の人となり、養生のためふたたびわが家の門をくぐった。おりしもみきと秀司が奈良警察署に召喚されることになり、その留守中に容体が急変したこかんは、ついに帰らぬ人となった。保釈が認められて帰宅したみきは、こかんの亡骸を撫でて「可愛相に。早く帰っておいで」とねぎらいの声をかけたという。だが、こかんの病気とその出直し▲について「おふでさき」では「にんげん《（人間）》はあざない（あさはかな）ものであるからに、月日（親神）言われる事をそむ《（背）》いた」と厳しく諫めている。

信仰を共有できない者にとって、「神意」という点はあずかり知らぬことになるが、こかんにとっては深刻な問題だったにちがいない。にもかかわらず彼女は心ならずも神命に、つまりはみきの期待に背くことになった。それを人間的な欲望のせいとして納得するのもよいだろう。しかし、私にはそれ以上のものが示唆されているように思える。つまり、みきのように「人類の母」（芹沢光治良《せりざわこうじろう》の言葉）として「世界一れつ《（列）》のたすけ《（救）》」にかかわることに深い共感をいだきつつ、梶本家の人びととの生活をとおして、この家族の人たちに奉仕することで、ささやかな喜びを人にあたえ、またそれをみずからの喜びとする生き方も、神は嘉《よみ》し給うのではないか、とこかんは考えたのではなかろうか。

天理教では、教祖を「ひながた」の教祖《おやさま》と唱えて、その生き方をみずからの生き方の目当てとすることが奨励されている。ただ、「そこに正解がある」という受け止め方になると、「ひながた」は融通のきかない独善的な「鋳型」になってしまう恐れがある。その意味で、教祖の「ひながた」に対置するのではなく、その理解を深めるために、こかんのような慎ましい信仰も、もう一つの「ひながた」として心にとめておくことがあってもいいのではないかと私は思う。

厳寒の牢獄で——「ふしから芽がふく」

みきの足跡をたどる旅路もそろそろ終りに近づいてきた。先述のように、教祖は一八七五(明治八)年から八六(同十九)年までの一一年間に、一二回も警察署に拘引され、そのうち三回の拘留は一二日間におよんでいるが、その間の教祖のようすを伝えた文書は意外に少ない。ただ、教祖「最後の御苦労」▲と呼ばれ

▼「**最後の御苦労**」 一八八六(明治十九)年二月、心勇講《しんゆうこう》の信者らが参詣にきて、警察を憚《はばか》る高弟らから、つとめを断わられたため、一部の者が宿屋の二階で「てをどり」(手踊り)を決行。櫟本分署から警官がきて教祖の居間に踏み込み、お守りにする布を証拠品として教祖と眞之亮をはじめ二人の側近を引致《いんち》。教祖にとってこれが最後の弾圧事件となった。

ている一八八六年二月の櫟本分署拘留中の教祖のようすについては、みずから獄中でみきと一夜をともにした眞之亮の手記「教祖様御傳《おやさまぎょでん》」▲がその一部を詳らかにしているので、ここではその内容を再現して、晩年の教祖をしのぶよすがとしたい。ちなみに、気象庁の最近二〇年のデータによると、奈良の二月の平均気温は上が九・六度、下がマイナス〇・一度で東京辺りよりも寒さが厳しい。盆地だからであろう。そうした厳寒の牢獄の冷板《ひやいた》のうえで凛乎《りんこ》として端坐《たんざ》している八九歳の老婆の姿を思い浮かべながら読んでいただければと思う。

　教祖様が警察にお越しになった夜二時ごろ、取り調べを受けられた。神《かみ》憑《がか》りの事、身の内御守護の事、埃《ほこり》の事、お守りの理をお説きになった。その上で、「お守りは神様の命によるもので、眞之亮は関知しておりません」と申された。同夜三時頃、一緒に勾引された信者の桝井《ますい》と仲田《なかた》の取り調べがあり、両人とも「(神様から)御助けを受けた御恩《ごおん》に報いるため、ひと《(人)》にお話しするのです」と申された。同夜四時頃、眞之亮(私)が調べられた。私は「お守りは自分が与えるのです。私は教導職▲ですから教規に従ってやっております。老婆は何も存じてはおりません」と述べた。

▼**「教祖様御傳」**　初代真柱眞之亮は、一八九八(明治三十一)年に書かれた片仮名書きのものと、一九〇七(同四十)年に書かれた平仮名書きのものの、二種類の教祖伝を残している。二代真柱中山正《しょう》善《ぜん》は前者に「稿本　教祖様御傳」、後者に「教祖様御傳」のタイトルをつけた。後者は前者をさらに検討・加筆したもので、今日の『教祖傳』はこの両者におうところが多い。

▼**教導職**　明治維新後の大教宣布運動を本格化するため、一八七二(明治五)年、教部省のもとに神仏の教導職をおき、「三条の教則」に基づく国民教化運動を実施した。一八八四(明治十七)年、神仏教導職は廃止となり、教師の任免は各宗の管長に委ねられたが、翌年初代真柱の眞之亮は権力の抑圧をまぬがれるため、神道本局から教導職の資格をえた。

櫟本分署跡

▼**梶本久**　「ひさ」と仮名で書くことが多かったが、ここでは漢字になっている。のちに山澤為造《やまざわためぞう》と結婚、山澤久となる。

その夜、教祖様は、警察の取調所の板の間で丑寅《うしとら》(東北)の方に座られ、傍には久《ひさ》▲が付き添っていた。坤《ひつじさる》(南西)の方には私が座っていた。その中間に巡査が一人椅子に腰かけて一時間交代で番をしていた。その内夜が明けてお日様が東天に上られたが、巡査は寝ており、ランプが赤々と灯っているので、教祖様はお立ちになり東の窓からお日様を拝まれ、巡査の側にあるランプの火を吹き消された。巡査は驚いて目を覚まし「婆さん何をする」と叱ったら、教祖様はニコニコされて「お日様が上がっておられるのに灯がともっていて勿体《もったい》ないから消しました」と仰《おっしゃ》った。

この夜、教祖様が私を手招きされ「おまえ淋《さび》しかろ、ここへおいで」と仰った。そこで私は久を介して「ここは警察だから行けません」と伝えた。すると教祖様は「左様《さよう》か」と仰ってあとは何も言われなかった。

翌日の早朝、教祖様を道路からすぐ見える板の間に座らせた。また、犯罪人を連れて来れば教祖様の側に座らせた。教祖様は夜お休みになる時、上着の黒の綿入れを脱がれ、それを上に被《かぶ》り、自分の草履《ぞうり》を芯にして久の帯を巻き、それを枕としてお休みになった。朝起きられると元のように端坐されていた。教祖様が警察におられたのは前後併せて一五日間だった。その間久は昼夜枕辺に端坐して奉仕したのである。

或る日の事、菓子屋の通るのを御覧になって「久や、あのお菓子を買え、あの巡査退屈しているから上げます」と仰った。久は「ここは警察ですから買うことができません」と申し上げると、「左様か」と言われた。また、或る日、教祖様に神憑《かみがか》りがあった。巡査は「のぼせたのだ。井戸へ連れて行って水をかけよ」と言った。神様が刻限▲に仰るには「教祖様をここに連れて来るのも連れて出るのも私（神）なのだ。教祖様のご苦労も私がさせているのだ」と。また、「（教祖様を）ここに泊めるのは埋《お》ぼり（埋もれた）宝を掘り起こしに来るようなものだ」「ふし《（節）》から芽がふく▲」とも仰った。（括弧内小澤）

こうした国家権力による理不尽な暴力にもかかわらず、それをも、自己をきたえ、世を変える契機に転化しようとするみきの強靱な精神には驚くほかはないが、やはり、この厳寒のなかの留置は、みきの老体に異変をもたらさずにはおかなかったのであろう。翌年の正月からみきは病の床に伏し、やがてその日を迎える。

▼**刻限**　あらかじめ決められた時刻。ここでは親神がその意思を言葉で啓示したり、その働きを発動するときのこと。人間にはそれがいつかはわからないが、親神がみずからの意思によってあらわれる決定的な瞬間。

▼「**ふしから芽がふく**」　人間が直面する困難は自己の心得違いを反省し、木の節から芽がでるごとく、「陽気ぐらし」を実現するために神からあたえられた契機（節目）なのだ、という意味。

晩年みきが起居していた御休息所（天理市）

神か律か

一八八七（明治二十）年一月一日、みきは風呂からでるとき、ふとよろめいた。それがこれから起こることの前兆でもあったかのように、三日後から教祖は病の床に就いた。このとき彼女は一八八三（明治十六）年に「つとめ場所」北側に新築された「御休息所《ごきゅうそくしょ》」と呼ばれる建物の一室で起居していたが、次《つぎ》の間《ま》にひかえていた飯降伊蔵《いぶりいぞう》をとおしておよそ次のような言葉があった。「これまで色んな事を聞かせてきたが、誰もスッキリと分かった者がいない。神の言うことが嘘なら立教《りっきょう》から四九年もこの道が続いてきた筈がない。だからこれまで神が言ってきたことで思案しなさい。さもないと、親はもうこのまま息を引き取ってしまうかもしれない」。そういったあと、みきは息をしなくなり、身体が急に

御休息所内部

冷たくなったという。
そこで驚いた周囲の人たちは、かねがね教祖がつとめを急《せ》き込んでおられたのに、警察の弾圧による教祖のご苦労を慮《おもんぱか》ってひかえてきたせいだと考え、翌日、鳴り物は不揃いだったが、どうにかお詫びのつとめを行った。しかし、それは相変わらず官憲を憚《はばか》り、夜陰に乗じて密かに行うものだったので、教祖はいくらかもちなおしたものの、その後は食べものもとらず、人びとは衰弱を怖れた。その後、つとめをさらに急き込む教祖と、煮え切らない対応を続ける眞之亮《しんのすけ》や周囲の人たちとのやりとりがあり、最後は眞之亮が意を決して、教祖にじかに伺いを立てることになった。一月十三日のことである。
これに対して教祖は答える。「前もって言って来た通りだ。なにも難しい事ではない。お前たちは一つのことに集中すればいいのだ」と。一つのことというのは、むろん、つとめである。
しかし眞之亮はあえて抵抗した。「法律がありますから、つとめをするのは難しゅうございます。親神《おやがみ》の仰せと国の掟《おきて》と両方の道の立つようにお指図願います。教会本部（の設立）をお許し下されれば、いかようにも親神様の仰せ通りに致します」▼。教祖はいう（ここのところは教祖の言葉に手を加えず、伝承のままを引用する）。「さあさあ月日がありてこの世界あり、世界ありてそれぞれあり、それぞれ有りて身の内あり、身の内ありて律《りつ》（法律）あり、律ありても心定めが第一やで」。

眞之亮がもし、みきの「御苦労」を避けるためだけでなく、教えの将来を切実に慮って教会設立を訴えたのであれば、それは一つの立場であり、そこを深く考えないで後世の人間が軽々に論評するのは慎むべきであろう。しかし、それを認めても、そのためにこそ確固たる心定め＝確固たる信仰の確立が先決なのだという教祖の立場はきわめて明快であった。しかも「つとめ」こそは、みきにとって、人びとに心定めをうながし、今このときに「陽気ぐらし」を実現する不可欠の「道具立て」だったのである。

そして、二月十八日、この日は陰暦の正月二十六日、あたかも従来から月ごとのつとめをしてきた日なので、近郷近在から多数の信者が詰めかけ、官憲が目をひからせて緊張感の高まるなか、思案にあぐねた人びとは改めて教祖の意向をうかがった。すると、教祖の声が深閑とした部屋の空気を震わした。

▼**教祖と眞之亮のやりとり**　このとき眞之亮は「こふき」に関連して教祖に次のようにたずねている。「このやしきに道具雛形の魂生まれてあるとの仰せ、このやしきをさしてこの世界始まりのぢば故天降り、無い人間無い世界拵え下されたとの仰せ、上も我々も同様の魂との仰せ、右三箇条のお尋ねあれば、我々何んと答えて宜しゅう御座りましょう」。このうち三番目の「上」とは、まぎれもなく天皇をさしたものであろう。このほうが権力にとっては不敬の極みだったにちがいない。なお金光教《こんこうきょう》教祖にも同趣旨の言葉がある。

「さあさあ一つの所、律が、律が怖いか、神が怖いか、律が怖いか」。

この言葉を聞いて、人びとの心はようやく一つに定まり、眞之亮から「おつとめの時、警察から干渉があっても、命捨てもという心の者のみおつとめせよ」と言い渡して、鳴り物をいれての堂々たるつとめが始まった。巡査は一人もこなかったという。そして「みかぐらうた」の最後の歌が終るころ、みきは孫たちに囲まれながら眠るようにして九〇年の生涯を閉じた。まぎれもなく人間どもが「人間心《にんげんごころ》」(みきの言葉)でつくったものが「不磨《ふま》(不朽《ふきゅう》)の大典《たいてん》」とたたえられて神のごとくに振る舞った「大日本帝国憲法」が発布されるのは、それからちょうど二年後の一八八九(明治二十二)年のことだった。

「神か律か」。みきの放った最後の問いは、現代社会に生きるわれわれにとっても、胸に突き刺さってくるものがある。神を信じない者ならば、真理と読みかえてもいい、真実でもいい、愛でもいい、正義でもいい。ともかくも自分が究極的だと思う価値の高みから現実の自分、現実の人間、現実の社会をみよ、大きな救いはそのなかにある。そのように呼ばわるみきの声が、曠野《あらの》の向こうから聞こえてくる。

参考文献

天理教教会本部編『稿本 天理教教祖傳』天理教道友社, 1956年
天理教教会本部編『稿本 天理教教祖傳　逸話篇』天理教道友社, 1976年
中山新治郎「稿本 教祖様御傳」「教祖様御傳」『復元』33号, 天理教教義及史料集成部, 1958年
諸井政一「みちすがら外編」『正文遺韻抄』天理教道友社, 1970年
中山正善『ひとことはなし』天理教道友社, 1936年
中山正善『ひとことはなし　その二』天理教道友社, 1936年
芹沢光治良『教祖様』(芹沢光治良文学館５)新潮社, 1996年
中山慶一『私の教祖』天理教道友社, 1981年
池田士郎『中山みきと被差別民衆』明石書店, 2006年
高野友治『御存命の頃　改修版』上・下, 天理教道友社, 1971年
天理教道友社編『ひながた紀行　天理教教祖伝細見』天理教道友社, 1993年
石崎正雄編『教祖とその時代　天理教史の周辺を読む』天理教道友社, 1991年
天理教道友社編『ひながたを温ねる』天理教道友社, 1985年
天理大学おやさと研究所編『改訂 天理教事典』天理教道友社, 1997年

天理教教会本部編『おふでさき』天理教教会本部, 1952年
天理教教会本部編『おふでさき註釋』天理教教会本部, 1952年
『みかぐらうた』天理教道友社, 1970年
中山正善『こふきの研究』天理教道友社, 1957年
天理教音楽研究会監修『みかぐらうた』(CD)(地方三代真柱中山善衞)天理教道友社制作, 1992年
上田嘉成『おふでさき講義』天理教道友社, 1973年
深谷忠正『みかぐらうた講義』天理教道友社, 1956年
山澤為次『おてふり概要』天理教道友社, 1949年
小林正佳「『鏡像』としての舞踊,『うつし』としての存在」井上昭夫編著『世界は鏡』天理やまと文化会議, 1992年

村上重良「幕末維新期における民衆宗教の創唱――天理教の成立過程」『近代日本民衆宗教史の研究　増訂版』法蔵館, 1963年
島薗進「疑いと信仰の間――中山みきの救けの信仰の起源」池田士良・島薗進・関一敏『中山みき・その生涯と思想　救いと解放の歩み』明石書店, 1998年
村上重良・安丸良夫校注・解説『民衆宗教の思想』(日本思想大系67)岩波書店, 1971年
安丸良夫『日本の近代化と民衆思想』青木書店, 1974年
安丸良夫『出口なお』MC新書, 洋泉社, 2009年
小澤浩『生き神の思想史　日本の近代化と民衆宗教』(岩波人文書セレクション)岩波書店, 2010年
小澤浩『民衆宗教と国家神道』(日本史リブレット61)山川出版社, 2004年

写真所蔵・提供者一覧(敬称略)

天理大学附属天理図書館　カバー表　　　三重県立博物館　カバー裏
著者撮影　p.15・16・44　　　上記以外の写真は, 天理教道友社提供。

1871	明治 4	74	*8-* 神祇官廃止，神祇省設置
1872	5	75	*4-* 教導職設置，教則三条公布。*11-* 大教院設立。この年，三女梶本はる没，こかん手助けのため梶本家に赴く
1873	6	76	*1-* 梓巫，市子，憑祈禱，狐下げなどの所業禁止。*2-* 切支丹禁制の高札撤去。この年，飯降伊蔵に命じてかんろだいの模型をつくらせる
1874	7	77	*6-* 禁厭祈禱をもって医薬を妨げる者の取締令でる。*10-* 信者ら大和神社で神祇問答，その直後に石上神宮の神職論難にくる。数日後，警官が神具没収，これより官憲の圧迫あいつぐ。*12-23* 教祖，山村御殿で社寺係の取調べを受ける
1875	8	78	*6-* ぢば定め。*9-* 奈良県庁より教祖・秀司に呼出し，教祖留置される。*9-27* こかん没。*11-* 信教の自由保障の口達。この年，「いちれつすましてかんろだい」の歌(「みかぐらうた」第 3 節)と手振りを教える
1876	9	79	この年の中ごろ，秀司，蒸風呂と宿屋の営業許可を受ける。神道黒住派・神道修成派，別派独立許可
1877	10	80	*1-* 教部省廃止，内務省に社寺局設置。*2-* 西南戦争始まる。*5-* 御供のなかに薬物混入の嫌疑で，奈良警察署より秀司に召喚状，40日間の拘留と科料
1878	11	81	4 月ごろ，秀司を講元として「真明講」結成
1880	13	83	この年，眞之亮(15歳)中山家に移り翌年 9 月入籍。秀司，金剛山地福寺真言教会と交渉し，傘下の転輪王講社結成
1881	14	84	*4-* 秀司没(61歳)。この年，「こふき」をつくれとの命により高弟ら教祖の話を記す
1882	15	85	*1-* 神官教導職兼補廃止。*5-* 神宮，大社，扶桑，実行，大成，神習の神道各派独立許可。*5-* 2 段までできていた「かんろだい」の石が奈良警察に没収される。*6-* 神道御嶽派独立許可。*10-* 奈良警察，教祖と高弟らを召喚，教祖12日間の拘留。*11-* 蒸風呂と宿屋廃業。*12-* 転輪王講社解散
1883	16	86	*8-* 村人の懇望により雨乞いつとめ。直後に警官きて一同を拘引。同夜教祖を引致，科料
1884	17	87	*8-* 神仏教導職廃止。この年，大阪の信者らにより「天輪教会本部」設立運動。おぢばに「天輪教会創立事務所」設置
1885	18	88	*4-*「天理教会結収御願」を大阪府知事に提出，却下。*5-* 眞之亮ら10人，神道本局より教導職試補に任ぜられる。神道本局直轄 6 等教会設置許可
1886	19	89	*2-* 信者らが村内の旅館で「てをどり」のつとめをしたかどにより教祖・眞之亮ら櫟本分署に引致され，教祖は12日間拘留される(最後の御苦労)。*12-* 眞之亮，神道本局より中講義補命，天理教会長となる
1887	20	90	*2-18* みき90年の生涯をおえる

中山みきとその時代

西暦	年号	齢	おもな事項
1798	寛政10	1	*4-18* みき，大和国山辺郡西三昧田村前川半七正信・きぬの長女として誕生
1810	文化７	13	*9-* 山辺郡庄屋敷村中山善兵衛と結婚
1814	11	17	この年，黒住宗忠により黒住教開教
1816	13	19	*3-* 勾田村善福寺で五重相伝を受ける
1818	文政元	21	このころ女衆かの，みきに毒を飲ませたと伝えられている
1828	11	31	この年，あずかった隣家の子が黒疱瘡に罹り，神仏に祈願して必死に平癒を願う
1837	天保８	40	*10-* 長男秀司，足痛に襲われ修験者に祈禱依頼
1838	9	41	*10-* 秀司の足痛に加え善兵衛の眼痛，みきの腰痛が重なり修験者を呼ぶ。加持台の女性不在のためみきが代役をつとめ，神がかりとなる。*10-26* 憑依した神の要請に従い教祖「神のやしろ」に定まる（立教）
1840	11	43	このころ「貧に落ち切れ」との神命に従い，家財などを人びとにほどこす
1853	嘉永６	56	この年，中山家の母屋を取り払う。五女こかん浪速の道頓堀で「天理王命」の神名を流す。夫善兵衛没（66歳）
1854	安政元	57	この年，三女はるに，はじめて「をびや許し」をほどこす
1855	2	58	この年，残った田地３町歩余りを入質して施しを行い，以後約10年間どん底生活を送る
1859	6	62	この年，金光大神により金光教立教
1863	文久３	66	このころ，「講」を結ぶことを督励
1864	元治元	67	*5-* 飯降伊蔵入信。*10-* 大和神社の前で，信者らおつとめをし神社側のとがめを受ける（大和神社事件）。*12-* つとめ場所落成
1865	慶応元	68	*10-* 針ヶ別所村に赴き異説を唱える信者を説諭
1866	2	69	秋ごろ，小泉村不動院の山伏，論難にきて乱暴。同じころ，「あしきをはらうてたすけたまへ……」の歌（「みかぐらうた」第１節）と手振りを教える
1867	3	70	正月から８月にかけて「みかぐらうた」十二下り（第５節）の歌と手振りを教える。*8-* ええじゃないか運動起こる。*11-* 大政奉還。*12-* 王政復古を宣言。この年，秀司，神道の吉田家に公認出願，認可
1868	明治元	71	*3-* 切支丹邪宗門禁制の高札。*3-* 神仏判然令，以後，廃仏毀釈運動起こる。*4-* 神祇官再興
1869	2	72	*1-*「おふでさき」第１号執筆，以後1882年にかけて第17号まで執筆する。この年，秀司の内妻おちゑ，屋敷からでる。秀司，小東まつゑと結婚
1870	3	73	*1-* 大教宣布。この年，「ちよとはなし」（「みかぐらうた」第２節），「よろづよ八首」（同第４節）を教える

小澤 浩(こざわ　ひろし)
1937年生まれ
東京教育大学大学院文学研究科博士課程単位取得退学
専攻，近代日本民衆宗教史
元富山大学教授
主要著書
『生き神の思想史』(岩波書店1988)
『新宗教の風土』(岩波書店1997)
『ヒロシ君と戦争』(桂書房1999)
『日本史リブレット61 民衆宗教と国家神道』(山川出版社2004)
『はじめて学ぶ宗教』(共編著，有斐閣2011)

日本史リブレット人 065
中山《なかやま》みき
「心直し」から「世直し」を説いた生き神教祖
2012年11月20日　1版1刷　発行
2022年7月31日　1版3刷　発行
著者：小澤《こざわ》 浩《ひろし》
発行者：野澤武史
発行所：株式会社 山川出版社
〒101－0047　東京都千代田区内神田1－13－13
電話 03(3293)8131(営業)
03(3293)8135(編集)
https://www.yamakawa.co.jp/
振替 00120-9-43993
印刷所：明和印刷株式会社
製本所：株式会社 ブロケード
装幀：菊地信義
© Hiroshi Kozawa 2012
Printed in Japan ISBN 978-4-634-54865-7
・造本には十分注意しておりますが，万一，乱丁・落丁本などが
ございましたら，小社営業部宛にお送り下さい。
送料小社負担にてお取替えいたします。
・定価はカバーに表示してあります。

日本史リブレット 人

1 卑弥呼と台与——仁藤敦史
2 倭の五王——森公章
3 蘇我大臣家——佐藤長門
4 聖徳太子——大平聡
5 天智天皇——須原祥二
6 天武天皇と持統天皇——義江明子
7 聖武天皇——寺崎保広
8 行基——鈴木景二
9 藤原不比等——坂上康俊
10 大伴家持——鐘江宏之
11 桓武天皇——西本昌弘
12 空海——曾根正人
13 円仁と円珍——平野卓治
14 菅原道真——大隅清陽
15 藤原良房——今正秀
16 宇多天皇と醍醐天皇——川尻秋生
17 平将門と藤原純友——下向井龍彦
18 源信と空也——新川登亀男
19 藤原道長——大津透
20 清少納言と紫式部——丸山裕美子
21 後三条天皇——美川圭
22 源義家——野口実
23 奥州藤原三代——斉藤利男
24 後白河上皇——遠藤基郎
25 平清盛——上杉和彦
26 源頼朝——高橋典幸
27 重源と栄西——久野修義
28 法然——平雅行
29 北条時政と北条政子——関幸彦
30 藤原定家——五味文彦
31 後鳥羽上皇——杉橋隆夫
32 北条泰時——三田武繁
33 日蓮と一遍——佐々木馨
34 北条時宗と安達泰盛——福島金治
35 北条高時と金沢貞顕——永井晋
36 足利尊氏と足利直義——山家浩樹
37 後醍醐天皇——本郷和人
38 北畠親房と今川了俊——近藤成一
39 足利義満——伊藤喜良
40 足利義政と日野富子——田端泰子
41 蓮如——神田千里
42 北条早雲——池上裕子
43 武田信玄と毛利元就——鴨川達夫
44 フランシスコ＝ザビエル——浅見雅一
45 織田信長——藤田達生
46 徳川家康——藤井譲治
47 後水尾院と東福門院——山口和夫
48 徳川光圀——鈴木暎一
49 徳川綱吉——福田千鶴
50 渋川春海——林淳
51 徳川吉宗——大石学
52 田沼意次——深谷克己
53 遠山景元——藤田覚
54 酒井抱一——玉蟲敏子
55 葛飾北斎——大久保純一
56 塙保己一——高埜利彦
57 伊能忠敬——星埜由尚
58 近藤重蔵と近藤富蔵——谷本晃久
59 二宮尊徳——舟橋明宏
60 平田篤胤と佐藤信淵——小野将
61 大原幽学と飯岡助五郎——高橋敏
62 ケンペルとシーボルト——松井洋子
63 小林一茶——青木美智男
64 鶴屋南北——諏訪春雄
65 中山みき——小澤浩
66 勝小吉と勝海舟——大口勇次郎
67 坂本龍馬——井上勲
68 土方歳三と榎本武揚——宮地正人
69 徳川慶喜——松尾正人
70 木戸孝允——一坂太郎
71 西郷隆盛——徳永和喜
72 大久保利通——佐々木克
73 明治天皇と昭憲皇太后——佐々木隆
74 岩倉具視——坂本一登
75 後藤象二郎——村瀬信一
76 福澤諭吉と大隈重信——池田勇太
77 伊藤博文と山県有朋——西川誠
78 井上馨——神山恒雄
79 河野広中と田中正造——田崎公司
80 尚泰——川畑恵
81 森有礼と内村鑑三——狐塚裕子
82 重野安繹と久米邦武——松沢裕作
83 徳富蘇峰——中野目徹
84 岡倉天心と大川周明——塩出浩之
85 渋沢栄一——井上潤
86 三野村利左衛門と益田孝——森田貴子
87 ボワソナード——池田眞朗
88 島地黙雷——山口輝臣
89 児玉源太郎——大澤博明
90 西園寺公望——永井和
91 桂太郎と森鷗外——荒木康彦
92 高峰譲吉と豊田佐吉——鈴木淳
93 平塚らいてう——差波亜紀子
94 原敬——季武嘉也
95 美濃部達吉と吉野作造——古川江里子
96 斎藤実——小林和幸
97 田中義一——加藤陽子
98 松岡洋右——田浦雅徳
99 溥儀——塚瀬進
100 東条英機——古川隆久

〈白ヌキ数字は既刊〉